D

Rolf Gröschner

Weil Wir frei sein wollen

Geschichten vom Geist
republikanischer Freiheit

Mohr Siebeck

Rolf Gröschner, geboren 1947; Studium der Wirtschaftswissenschaften und der Jurisprudenz in Nürnberg, Erlangen und München; 1981 Promotion; 1985 Zweite Juristische Staatsprüfung; 1990 Habilitation; 1991 bis 1993 Professor für Öffentliches Recht an der Universität Mainz; 1993 bis zur Pensionierung 2013 Ordinarius für Öffentliches Recht und Rechtsphilosophie an der Universität Jena.

ISBN 978-3-16-154470-5

Die Deutsche Nationalbibliothek verzeichnet diese Publikation in der Deutschen Nationalbibliographie; detaillierte bibliographische Daten sind im Internet über *http://dnb.dnb.de* abrufbar.

© 2016 Mohr Siebeck Tübingen. www.mohr.de

Das Buch wurde von Computersatz Staiger in Rottenburg/N. aus der Stempel-Garamond gesetzt, von Gulde-Druck auf alterungsbeständiges Werkdruckpapier gedruckt und von der Buchbinderei Nädele in Nehren gebunden.

Vorwort

Dieses Buch beantwortet die Frage, warum wir den Staat brauchen. „Weil Wir frei sein wollen" gibt die Antwort in einem Buchtitel, der seinerseits Fragen aufwirft: Wer sind „Wir" und was bedeutet die Großschreibung? Wie können Wir „frei" sein und worauf zielt ein entsprechendes „Wollen"? Für alle individuellen Wünsche und Ziele wäre auf die Freiheitsrechte des Grundgesetzes zu verweisen, die das Bundesverfassungsgericht zu einem effektiven System rechtsstaatlicher Abwehrrechte ausgebaut hat. In einem solchen System wirken die grundrechtlichen Freiheitsgarantien wie Burgen, die uns vor dem Eindringen staatlicher Gewalt schützen sollen.

Freiheit in diesem rechtsstaatlichen Sinne kann hier aber nicht das zentrale Thema sein. Denn in Grundrechtsburgen leben Privatleute, mit denen buchstäblich kein Staat zu machen ist. Ihr Leitspruch *My Home is my Castle* kennzeichnet sie sozusagen als „Burger"; „Bürger" werden sie erst, wenn sie ihren Rückzug ins Private – und Heimliche – beenden und durch Wort und Tat öffentlich werden. Was der im ursprünglichen Sinne „unheimliche" öffentliche Wille zu politischer Freiheit vermag, hat die Welt am 9. November 1989 gehört und gesehen: „Wir sind das Volk" war die Parole eines Umsturzes, der den Vergleich mit den Freiheitsrevolutionen in Amerika und Frankreich nicht zu scheuen braucht.

Diese und andere Geschichten vom Willen zu einer freiheitlichen Verfassung und von der Macht im Wir freiheitswilliger Bürger erzählen die folgenden zwölf Kapitel. Jenes Wir – das Bürgerinnen und Bürger gleichermaßen einschließt – kennzeichnet den Gegensatz zum Ich der „Burger". Als Kennwort des Buches wird es groß geschrieben.

Die ersten vier Kapitel haben das wechselhafte Schicksal des Wir in der deutschen Geschichte nach dem Ende des Kaiserreichs zum Gegenstand: in der Weimarer Republik, unter der Gewaltherrschaft Hitlers und während der Diktatur der SED. Begonnen wird mit der November-Revolution 1918, weil sie die erste republikanische oder – gleichbedeutend – freistaatliche Verfassung für Deutschland hervorgebracht hat. Der nicht für Bayern, Sachsen und Thüringen reservierte Begriff „Freistaat" ist die korrekte Übersetzung des lateinischen Lehnwortes „Republik". Im Sinne des vorliegenden Buches beantwortet er die Frage, welchen Staat wir brauchen, wenn wir auch außerhalb unserer Grundrechtsburgen frei sein wollen.

In den Kapiteln fünf bis acht wird die Tradition eines republikanischen Wir in der Ideengeschichte politischen Denkens behandelt: von der alteuropäischen Antike über die Amerikanische und Französische Revolution bis zur Einheit Deutschlands. Die letzten vier Kapitel befassen sich mit dem Verhältnis von politischer und persönlicher Freiheit im Verfassungsstaat des Grundgesetzes. Das Ergebnis lautet: Die Republik schützt die politische Freiheit aller, der Rechtsstaat die persönliche Freiheit aller Einzelnen. Ideengeschichtlich stimmt dieses formelhafte Fazit mit der gehaltvollen Freiheitsphilosophie des Herzensrepublikaners Rousseau überein, die in Kapitel 7 erläutert wird. In ihr entspricht der „Burger" dem *bourgeois*, der „Bürger" dem *citoyen* und das freiheitswillige Wir der – weltweit französisch zitierten – *volonté générale*.

Der Wunsch, mit dem Thema der Republik oder des Freistaates diejenigen zu erreichen, die es angeht – die Mitglieder einer freien Bürgerschaft –, ist nach dem Abschied aus dem aktiven Universitätsdienst im Frühjahr 2013 entstanden: als Anliegen, auf das freiheitsphilosophische Fundament eines bürgerschaftlichen Wir aufmerksam zu machen, und zwar auch außerhalb jener Welt der Wissenschaft, in der sich der Autor bis zu seiner Pensionierung zu Wort gemeldet hat. Obwohl sie seiner rechtswissenschaftlichen Forschung entstammen, erzählt er die „Geschichten vom Geist republikanischer Freiheit" deshalb nicht im Wissenschaftsstil. Auch auf einen wissenschaftlichen Anmerkungsapparat wurde verzichtet – nicht aber auf saubere Zitate und sorgfältige Literaturangaben.

Nürnberg, im Januar 2016   Rolf Gröschner

Inhaltsverzeichnis

1. Der Kaiser hat abgedankt

Verabschiedung jeder Herrschaft aus höherem Recht (9. 11. 1918)

„Der Kaiser hat abgedankt". Mit diesem Satz wurde am 9. November 1918 das Ende der Monarchie in Deutschland verkündet. Im Internet findet man dazu ein Filmdokument mit Originalton. So hört es sich jedenfalls an. Der Höreindruck täuscht, denn 1918 gab es noch keinen Tonfilm. Original ist nur, was gefilmt wurde: Der sozialdemokratische Staatssekretär Philipp Scheidemann in einem offenen Fenster des Reichstagsgebäudes in Berlin bei einer kurzen Ansprache an eine vor dem Gebäude versammelte, im Gegenschnitt eingeblendete Menschenmenge. Was man hört, ist eine zur nachträglichen Synchronisation des Filmes herangezogene Tonaufnahme, die 1924 entstanden sein dürfte. Das Deutsche Rundfunkarchiv dokumentiert unter dieser Jahreszahl einen Text, der bis auf geringe redaktionelle Änderungen mit der Fassung übereinstimmt, die 1928 in Scheidemanns „Memoiren eines Sozialdemokraten" erschienen ist.

Nach der Abendausgabe der Vossischen Zeitung vom 9. November 1918 soll er allerdings gesagt haben: „Die Hohenzollern haben abgedankt". Der Filmausschnitt läßt die Ursache der unterschiedlichen Fassungen erkennen: Scheidemann sprach ohne akustische Verstärkung, war also im Wortlaut nur von wenigen zu verstehen, die direkt unter dem Fenster standen. Der Zeitungsreporter hat nicht dazugehört – oder nicht gut zugehört. Denn der von ihm stammende Satz erweist sich bei genauer Beobachtung der gefilmten Lippenbewegungen als zu lang. Dagegen wirkt der von Scheidemann selbst nachgesprochene Satz völlig synchron. Auch ist kein Grund ersichtlich, warum das Gesagte für die Memoiren verändert worden sein sollte. Und schließlich bestätigt die Sonderausgabe des „Vorwärts" mit einer fetten Schlagzeile: „Der Kaiser hat abgedankt".

Bis die offizielle Abdankungserklärung Wilhelms II. im Reichsanzeiger bekanntgemacht wurde, dauerte es noch drei Wochen. Während er am 9. November seine Bereitschaft erklärt hatte, „als Deutscher Kaiser abzudanken, aber nicht als König von Preußen", lautete die am 28. November abgegebene und am 30. November veröffentlichte Erklärung: „Ich verzichte hierdurch für alle Zukunft auf die Rechte an der Krone Preußens und die damit verbundenen Rechte an der deutschen Kaiserkrone." Das Verhältnis von Kaiser- und Königskrone ist nur noch von historischem Interesse. Systematisch interessant bleibt ein Vergleich der unterschiedlichen Redeweisen des Kaisers. Sensiblen Interpreten wird ein rhetorischer Leckerbissen geboten: Am 9. November hatte der Kaiser aus dem Großen Hauptquartier im belgischen Spa fernmündlich, verlesen von seinem Sekretär gegenüber Reichskanzler Max von Baden mitteilen lassen: „Um Blutvergießen zu vermeiden, sind Seine Majestät bereit, […] abzudanken […]"; am 28. November erklärte er: „Ich verzichte […]".

Erst die Bereitschaft „Seiner" Majestät in selbstverständlicher Großschreibung und ebenso selbstverständlichem Majestätsplural „sind", dann die Erklärung eines schlichten „Ich", verbunden mit dem nicht mehr majestätischen Singular eines einsamen Verzichts. Wenn man die jahrhundertealte Tradition bedenkt, in der die Mehrzahl des *Pluralis Majestatis* zur Selbstverständlichkeit auch und gerade in Rechtsdokumenten geworden war, kann man das „Ich" Wilhelms II. nur als Revolution der Sprechart bezeichnen. Als Schulbeispiel aus der Rechtsgeschichte kann die erste Reichspolizeiordnung dienen, im Original (mit vorsichtiger Aktualisierung des frühneuhochdeutschen Textes): „Römischer Keyserlicher Majestät Ordnung und Reformation guter Policey im Heyligen Römischen Reich" (Deutscher Nation) vom 19. November 1530: „Wir Karl der Fünffte, von Gottes Gnaden Römischer Keyser, zu allen Zeiten Mehrer des Reichs, König in Germanien, zu Castilien […], Herr in Frießland […] entbieten allen und jeglichen […] Churfürsten, Fürsten […], Prälaten, Grafen […] und sonst allen andern unsern und des Reichs Underthanen […] unser Gnad und alles Guts […]. Demnach haben Wir […] folgende Ordnung auffgericht, die Wir euch allen samt und sonders hiemit verkünden".

Hier ist alles enthalten, was der letzte deutsche Kaiser bei seiner Erklärung am 9. November 1918 noch mit majestätischer Selbstverständlichkeit in Anspruch nahm: „Wir, Kaiser, König, Herr" einerseits, „Unsere Untertanen" andererseits. Sogar der Glaube, der das betreffende Über- Unterordnungsverhältnis zwischen Obrigkeit und Untertanen rechtfertigen sollte, ist genannt: eine Herrschaft „von Gottes Gnaden". 1530 sollte daran geglaubt werden, daß der Kaiser als begnadeter Herr der „guten Policey" die Wohlfahrt des Reiches und der Reichsunter- tanen mehren und – wie es 1577 heißt – für eine „gemeine beständige, richtige Ordnung" sorgen werde.

Noch die Verfassung von 1871, die bis zu Scheide- manns Proklamation der Republik Bestand hatte, be- ruhte auf solchem Glauben an die Rechtfertigung welt- licher Herrschaft aus dem ureigenen Recht einer „Ho- heit". Mit größter Selbstverständlichkeit heißt es in der Präambel, „Seine Majestät der König von Preußen […], Seine Majestät der König von Bayern, Seine Majestät der König von Württemberg, Seine Königliche Hoheit der Großherzog von Baden und seine Königliche Hoheit der Großherzog von Hessen und bei Rhein […] schließen ei- nen ewigen Bund […] zur Pflege der Wohlfahrt des Deut- schen Volkes". Dieses Volk wurde von den Königlichen Hoheiten – die ihr majestätisches „Wir" ausschließlich für sich selbst beanspruchten – noch im Jahre 1871 nicht für mündig gehalten, zur politischen Einheit eines sou- veränen Wir in einer verfassunggebenden Versammlung zusammenzufinden.

Die Unmündigkeit der Untertanen und der Glaube an ein Gottesgnadentum der Herrscher sind zwei Seiten derselben monarchischen Medaille. Insofern ist es kon- sequent, daß Wilhelm II. es ernsthaft unternommen hat, den „Glauben an die große, von Gott erleuchtete Indivi- dualität" (Fehrenbach 1969) zu erneuern und sein sprich- wörtliches „persönliches Regiment" darauf zu stützen: Als Kaiser stehe er „mit seiner furchtbaren Verantwor- tung vor dem Schöpfer allein" (Willoweit 2001). Solche eher Kaiser- als Gottesfurcht einflößende Rhetorik hin- derte ihn nicht daran, seiner Flotte einen aussichtslosen

Einsatz gegen die englische Marine zu befehlen – Anlaß
für die Meuterei der Matrosen in Kiel und Auslöser der
Aufstände von Arbeiter- und Soldatenräten zwischen 4.
und 9. November 1918.

Da es hier nicht um die Persönlichkeit Wilhelms II.
gehen soll, sondern um den revolutionären Umbruch
von der Monarchie zur Republik, fragt es sich, ob dieser
Umbruch nicht rein formal zu erklären ist: Beendete die
Abdankung des Kaisers nicht schlicht die Staatsform der
Monarchie? Und setzte sie nicht ohne weiteres die Staatsform der Republik an ihre Stelle? Leider haben es sich
auch manche Kollegen aus der Zunft der Staatsrechtslehrer in dieser Weise allzu leicht gemacht: in einer Staatsformenlehre der *terribles simplificateurs*. Solch schreck-
liche Vereinfacher müssen sich eine ganze Reihe von Argumenten entgegenhalten lassen. Als aneinandergereihte
Gründe gegen eine Reduzierung der Republik auf die
simple Formel „Monarchieverbot" ergeben sie den roten
Faden durch das vorliegende Buch.

Um diesen Lesefaden weiterzuverfolgen, ist erneut die
Botschaft vom Fenster des Reichstags heranzuziehen,
nun aber nicht mit dem ersten, sondern mit dem letzten
Satz: „Es lebe die deutsche Republik". Ist der Satz wo-
möglich Beweis für die Richtigkeit der These „Ende der
Monarchie gleich Anfang der Republik"? Scheidemanns
Biographie erlaubt eine eindeutig verneinende Antwort:
Er saß mit Friedrich Ebert, der am Mittag die Geschäfte
des Reichskanzlers übernommen hatte, und anderen im
Speisesaal bei einer „dünnen Wassersuppe", als eine he-
reinstürmende Meute zu einer Erklärung drängte. Die
Propaganda der Spartakisten („Alle Macht den Arbeiter-
und Soldatenräten") lasse eine Proklamation Karl Lieb-

knechts erwarten. Scheidemann dazu wörtlich: „Kein
Zweifel: Wer jetzt die Massen vom Schloß her ‚bolsche-
wistisch' oder vom Reichstag zum Schloß hin ‚sozialde-
mokratisch' in Bewegung bringt, der hat gesiegt".

Als er gegen 14 Uhr an das Fenster des Lesesaales trat,
hatte Scheidemann den Weg durch die große Wandelhalle
hinter sich, in der „tausend durcheinanderjagende Menschen gleichzeitig zu reden und zu schreien" schienen.
Zur selben Zeit rief Liebknecht im Tiergarten die „sozialistische Republik Deutschland" aus. Das wiederholte er
zwei Stunden später vor dem Berliner Stadtschloß und
ein drittes Mal auf dessen Balkon. Anhänger der verein-
fachenden Gleichung „Republik ist gleich Nicht-Monarchie" konnten diesen dramatischen Kampf um die politische Ordnung nach dem Ende der Kaiserherrschaft mit
allen möglichen Argumenten kommentieren, nur nicht
mit republikanischen. Denn mit der Abdankung des Kaisers war die einzige Bedingung ihres Republikbegriffs erfüllt: keine Monarchie. Zur Frage, welche Republik diesen Namen verdiente – Scheidemanns oder Liebknechts
Republik –, blieb dann nichts als Schweigen.

Die Entscheidung gegen eine „sozialistische Republik" im Sinne Liebknechts fiel auf dem Reichskongreß
der Arbeiter- und Soldatenräte in Berlin. Nachdem die
Delegierten sich am 18. Dezember zum Repräsentanten
der gesamten politischen Macht erklärt hatten, entschieden sie am 19. Dezember mit 344 zu 98 Stimmen gegen
eine Räterepublik nach bolschewistischem Muster. Ob
als Paradoxie oder als Ironie der Geschichte empfunden,
ist es doch die historische Wahrheit: Das Zentralorgan
der deutschen Räte stimmte mit 2/3-Mehrheit gegen ein
Rätesystem nach dem Vorbild der „Sowjets", der Arbei-

ter- und Soldatenräte der russischen Revolution. Mit nur
50 Gegenstimmen wurde danach der Beschluß des Rates der Volksbeauftragten bestätigt, die Wahl zur verfassunggebenden Nationalversammlung am 19. Januar 1919
durchzuführen.

Mit dieser Wahl wurde, erstmals mit aktivem und
passivem Frauenwahlrecht, ein Verfahren in Gang gesetzt, an dessen Ende die erste republikanische Verfassung für Deutschland in Kraft trat (komprimierte Darstellung bei Frotscher/Pieroth 2014). Am 31. Juli mit 262
zu 75 Stimmen bei einer Enthaltung von der im Natio-
naltheater Weimar – statt in der unruhigen Hauptstadt
Berlin – tagenden Versammlung beschlossen, wurde sie
am 11. August vom Reichspräsidenten unterzeichnet. Ihr
offizieller Name lautet daher „Verfassung für das Deutsche Reich vom 11. August 1919". Gebräuchlich ist die
Bezeichnung „Weimarer Reichsverfassung" und die Abkürzung „WRV".

Für die hier verfolgte Absicht, den ersten deutschen
Freistaat aus dem Geist seiner Gründung zu verstehen, ist
der Eingangssatz der WRV der alles entscheidende Satz:
„Das Deutsche Reich ist eine Republik". Zwar ist nicht zu
bestreiten, daß Gerhard Anschütz im Standardkommentar zur WRV den Sinn des Satzes auf die Verneinung der
Monarchie verkürzt hat. Unbestreitbar ist aber auch, daß
es immer Gegenstimmen gegen diese Sinnverkürzung
gab. Richard Thoma, prominentester Vertreter eines
nicht auf die Negation der Monarchie reduzierten Repu-
blikverständnisses unter den Weimarer Staatsrechtslehrern, legte Wert darauf, daß der „positive und ursprüngliche Sinn des Wortes" zur Geltung gebracht wurde, der
„den Staat als eine res publica" begreift, ein „Gemeinwe-

sen, an dem alle Bürger teilhaben", die als „Glieder" mit dem „Ganzen" verbunden sind.

Der beste Zeuge für die Behauptung, daß ein simplifizierendes Republikverständnis der Bedeutung des Grundprinzips der WRV nicht gerecht wird, ist der Vater der Verfassung. Hugo Preuß, von dem Idee, Konzeption und Entwurf des Verfassungstextes stammten, beklagt in seiner Monographie „Deutschlands Republikanische Reichsverfassung" „die Stärke des Monarchismus in deutschen Landen", in dem „der volle Gegensatz zu einer Richtung des Volksgeistes" liege, die „die politischen Angelegenheiten der Nation elementar als eigene Sache: res populi, res publica empfindet, also der Gegensatz zum republikanischen Geiste". Sowohl der Rückgriff auf das (umgestellte) ciceronische Motto *res publica res populi* (dazu Kapitel 5) als auch die ausdrückliche Bezugnahme auf die „Regierung des Gemeinwillens" im Sinne Rousseaus (Kapitel 7) zeigen, wie gehaltvoll der Autor der WRV den klassisch republikanischen Geist „seiner" Verfassung verstanden wissen wollte.

Wie wenig Formalist Preuß war, beweist folgendes Zitat: „Daß nach den November-Ereignissen nur eine rein demokratische Republik möglich war, liegt auf der Hand. Die länger als sonstwo in kritikloser Gewöhnung aufrecht gebliebene Herrschaft des Gottesgnadentums, des Königtums aus eigenem Recht, und mit ihm die obrigkeitliche Staatsstruktur von oben nach unten war zusammengebrochen". Das prägnante Bild des Zusammenbruchs wird durch die beiden präzisen Begriffe bereichert, die Preuß zur Erklärung der Ursachen verwendet: „Gottesgnadentum" als Rechtfertigungsmuster einer Herrschaft aus königlichem Eigenrecht und „obrigkeit-

liche Staatsstruktur" als Organisationsmodell eines sub-
ordinationsrechtlichen Staat-Bürger-Verhältnisses.

Das revolutionäre Ereignis wird nicht in der äußeren
Veränderung der Staatsform gesehen, sondern im Umsturz der beiden tragenden Prinzipien der Monarchie:
ihres Legitimations- und ihres Strukturprinzips. Während letzteres die prinzipielle Unterordnung bürgerlicher
Rechte unter obrigkeitsstaatliche Befugnisse erforderte,
gebietet das Strukturprinzip der Republik die generelle
Gleichordnung der Rechte- und Pflichtenpositionen in
den Rechtsverhältnissen zwischen Staat und Bürger.
Diese Struktur der Republik als Rechtsverhältnisord-
nung wird immer wieder angesprochen werden und im
elften Kapitel eingehend zu erläutern sein. Die ersten Kapitel konzentrieren sich auf das republikanische Prinzip
als Legitimationsprinzip einer politischen Ordnung, die
auf dem freien Willen ihrer Bürger beruht. Dieser Freiheitswille ist das Fundament jenes philosophisch gehaltvollen Begriffs der Republik, von dem im Vorwort die
Rede war.

Daß der Verfassungsvater nicht alleine stand mit seinem legitimationstheoretisch anspruchsvollen Republikbegriff, dokumentieren die Reichstagsdebatten über die
innere Neuorientierung, die bereits ab Februar 1917 statt-
fanden. In ihnen ging es nicht etwa um die Persönlichkeit oder die Amtsführung des Kaisers, sondern – wie
es der SPD-Abgeordnete und spätere Mitbegründer der
USPD Georg Ledebour formulierte – darum, „daß dieses monarchische System überhaupt nicht mehr in unsere vorgeschrittene Kulturwelt hineinpaßt". Der Abge-
ordnete Alfred Henke fügte später hinzu: „Das hat mein
Parteifreund Ledebour als Republikaner gesagt". Der re-

nommierte Historiker Friedrich Meinecke sprach ganz in
diesem Sinne vom „Ende der monarchischen Welt" – einer Welt höherer Herren und ihres majestätischen Herrschaftsanspruchs. Prominente Positionsbestimmungen
in der Weimarer Nationalversammlung lassen keinen
Zweifel daran, daß damit der revolutionäre Geist der Zeit
erfaßt ist und mit ihm die Geburt der Republik aus dem
grundstürzend gegen alte Majestätsgläubigkeit gerichteten Zeitgeist der Freistaatlichkeit.

In der Eröffnungsrede Friedrich Eberts vom 6. Februar 1919 heißt es: „Mit den alten Königen und Fürsten
von Gottes Gnaden ist es für immer vorbei". Im Kern
war es nicht der Kaiser, der abgedankt hatte, sondern
– so Eberts Pointe – der „Kaiserismus". Beim Präsidenten der Nationalversammlung Eduard David hörte es sich
ebenso pointiert, aber etwas poetischer an: „Verschwunden ist der Vormund aus ererbtem Recht". An die Stelle
einer entmündigenden Herrschaft aus vormundschaftlichem Recht und ihrer Begründung mit Gottesgnadentum und Erbdynastie war die Gründung eines Freistaates
durch die verfassunggebende Gewalt einer Nationalversammlung getreten. Friedrich Ebert war sich dieses revolutionären Wechsels der Legitimationsgrundlagen vom
Kaiserismus zum Republikanismus sehr wohl bewußt,
als er die Präsidentschaft bei seiner Amtsübernahme am
11. Februar 1919 „das höchste Amt des deutschen Freistaates" nannte.

„Jedes Land muß eine freistaatliche Verfassung haben". Mit dieser Vorgabe hat Artikel 17 WRV für den verfassungsrechtlichen Sprachgebrauch verbindlich festgelegt: Das deutsche Wort „Freistaat" ist bedeutungsgleich
mit dem lateinischen Lehnwort „Republik". Gleichwohl

dürfte die Vorstellung verbreitet sein, „Freistaat" sei den drei Ländern vorbehalten, die sich in Verfassungsurkunde und Staatspraxis selbst so bezeichnen: Bayern, Sachsen und Thüringen. Freistaat ist jedoch auch unter der Geltung des Grundgesetzes Synonym für Republik. Da Artikel 28 Absatz 1 GG für alle Länder eine „republikanische" Ordnung vorschreibt, gibt es in Deutschland siebzehn Republiken oder Freistaaten: die des Bundes und der sechzehn Länder.

Für diese siebzehn deutschen Staaten der Gegenwart kann am Ende des ersten Kapitels festgehalten werden: „Republik" oder „Freistaat" bedeutet mehr als die simple Verneinung einer Staatsform. Gehaltvoll gebraucht, stellt der Begriff auf die Rechtfertigung oder Legitimation staatlicher Herrschaft ab, verbietet jede Herrschaft aus höherem Recht und verlangt eine vom Freiheitswillen der Bürger getragene freistaatliche Ordnung. Ein derart gehaltvoller Republikbegriff hätte auch der nationalsozialistischen Herrschaftsideologie Widerstand leisten können – und aus Sicht einer politisch verantwortlichen Staatsrechtslehre leisten müssen. Die dafür erforderliche Gesinnung und ein entsprechender Wille überzeugter Republikaner – ein freiheitsphilosophischer Ehrentitel ohne Rücksicht auf Parteinamen – waren aber weder in der Bürgerschaft noch in der Wissenschaft vorhanden. Und ohne den Mut zu einem machtvollen Wir von Republikanern ist jede Republik zum Scheitern verurteilt.

Literatur zu Kapitel 1

Anschütz, Gerhard, Die Verfassung des Deutschen Reichs vom 11. August 1919, Neudruck der 14. Aufl. 1933, 1987.

Ders./Thoma, Richard (Hrsg.), Handbuch des Deutschen Staatsrechts, Band 1, 1930.

Dreier, Horst, Die Deutsche Revolution 1918/19 als Festtag der Nation?, in: *Gröschner, Rolf/Reinhard, Wolfgang* (Hrsg.), Tage der Revolution – Feste der Nation, 2010, S. 145–189.

Fehrenbach, Elisabeth, Wandlungen des deutschen Kaisergedankens 1871–1918, 1969.

Frotscher, Werner/Pieroth, Bodo, Verfassungsgeschichte, 13. Aufl. 2014.

Gröschner, Rolf, Die Republik, in: Handbuch des Staatsrechts, Band 2, 3. Aufl. 2004, S. 369–428.

Ders., Republik, in: Evangelisches Staatslexikon, Neuausgabe 2006, Sp. 2041–2045.

Ders./Reinhard, Wolfgang (Hrsg.), Tage der Revolution – Feste der Nation, 2010.

Huber, Ernst Rudolf, Dokumente zur deutschen Verfassungsgeschichte, Band 4, 3. Aufl. 1992.

Meinecke, Friedrich, Politische Schriften und Reden, hrsg. von *Georg Kotowski*, 4. Aufl. 1979.

Preuß, Hugo, Deutschlands Republikanische Reichsverfassung, 2. Aufl. 1923.

Ritter, Gerhard/Miller, Susanne (Hrsg.), Die deutsche Revolution 1918–1919 – Dokumente, 2. Aufl. 1983.

Scheidemann, Philipp, Memoiren eines Sozialdemokraten, 2 Bände, 1928.

Senckenberg, Heinrich Christoph von/Schmaus, Johan Jacob, Neue und vollständige Sammlung der Reichs-Abschiede. 1747, Nachdruck 1967.

Willoweit, Dietmar, Deutsche Verfassungsgeschichte, 4. Aufl. 2001.

Verhandlungen der Verfassunggebenden Deutschen Nationalversammlung, Stenographische Berichte, Band 326, 1920.
Verhandlungen des Deutschen Reichstages, Band 309, 1917.

2. Kein Führer befiehlt

Hitler und die Verantwortung des Juristenstandes
(30. 1. 1933)

Ein verantwortungsvoller Umgang mit dem 30. Januar 1933 verlangt erst einmal dessen korrekte Bezeichnung: Ist der Tag, an dem die Nationalsozialisten in Deutschland an die Macht kamen, das Datum der nationalsozialistischen „Machtergreifung" oder sollte man das Ende der Weimarer Republik mit Hitlers bevorzugtem Wort als Tag der „Machtübernahme" bezeichnen (Frei 1983)? Unabhängig von der rhetorischen Tugend, zum Jargon der Nazipropaganda auf Distanz zu gehen, erlaubt ein sensibler staatsrechtlicher Sprachgebrauch keiner der beiden Benennungen. Denn beide betonen die Aktivität eines Ergreifens oder Übernehmens der Macht. Unterschwellig ist darin die Botschaft der Passivität – wenn nicht sogar der Machtlosigkeit – der zuständigen Staatsorgane enthalten.

Staatsrechtlich lag die Aktivität jedoch eindeutig auf der Seite des Reichspräsidenten: Hindenburg war es, der Hitler nach den verfahrensrechtlichen Vorgaben der Verfassung zum Reichskanzler ernannt und ihm dadurch sowie durch den Auftrag zur Regierungsbildung politische Macht übertragen hat. Auf legalem Wege konnte das höchste Regierungsamt nur deshalb übernommen werden, weil es in einem formal verfassungskonformen Verfahren übergeben wurde (Grawert 2003). Diese historische Wahrheit einer aktiven Übergabehandlung sollte durch den funktionalistischen Terminus „Machtübertragung" nicht verschleiert, sondern als „Machtübergabe" beim verfassungsrechtlichen Namen genannt werden (zur Ideologie der Propagandaformel „legale Revolution" Scriba 2009).

Über die Motive der Machtübergabe, die Persönlichkeit und die Gesundheit des greisen Reichspräsidenten ist viel geschrieben und noch mehr spekuliert worden. Seit der umfassenden Biographie, die Wolfgang Pyta 2007 vorgelegt hat, kann jedenfalls nicht mehr behauptet werden, Hindenburg sei das willenlose Opfer falscher Beratung geworden. Seine Wiederwahl im Frühjahr 1932 war vor allem deshalb ein fataler Fehler, weil er selbst nicht „aus innerster Überzeugung auf dem Boden der neuen Staatsform stand" (Apelt 1946). Auch der bekannte Irrtum über den „böhmischen Gefreiten", der auf einer Verwechslung des Geburtsortes Braunau in Österreich mit einem Ort dieses Namens in Böhmen beruhte, hatte seine Ursache nicht in nachlassender Geisteskraft Hindenburgs, sondern in mangelndem Interesse an der Herkunft Hitlers – des gescheiterten Kunstmalers, der 1919 beschlossen hatte, Politiker zu werden, weil eine Revolution wie 1918 sich nicht wiederholen sollte (Haffner 1978).

Wes Ungeistes Kind am 30. Januar 1933 zum Kanzler ernannt wurde, hätten alle des Lesens kundigen Deutschen aus Hitlers „Mein Kampf" wissen können. Die als Buch getarnte ideologische Botschaft der „Hetzschrift" (Glaser 2014) war bis zu diesem Zeitpunkt in 24 Auflagen mit sage und schreibe 348.000 Exemplaren auf dem

Markt. Vor aller Öffentlichkeit war so bekundet worden, daß die nationalsozialistische „Bewegung" – deren Rassismus mit bestialischer Brutalität gegen ein freies und gleiches „Wir" gerichtet war – sich zum „Prinzip des Führergedankens" bekannte. Wenn Hindenburg sich für dieses republikwidrige Prinzip einer Herrschaft durch Führerschaft nicht interessierte, wiegt dies weit schwerer als sein Desinteresse am „Elternhaus" Hitlers, das am Anfang von „Mein Kampf" behandelt wird. Schon im ersten Satz wird die „glückliche Bestimmung" gepriesen, daß „das Schicksal" Hitler „zum Geburtsort gerade Braunau am Inn" zugewiesen habe. Daraus wird nicht weniger als die „Lebensaufgabe" einer „Wiedervereinigung" von „Deutschösterreich" mit dem „großen deutschen Mutterlande" hergeleitet.

Zu den „Gründen" heißt es in einem durch Sperrung hervorgehobenen Satz nach nicht einmal einer halben Druckseite: „Gleiches Blut gehört in ein gemeinsames Reich". Es hätte also nur eines geringen Lektüreaufwands bedurft, um Irrtümer über Person, Persönlichkeit und Politik Hitlers korrigieren zu können. Der Vorwurf, dies unterlassen zu haben, kann Hindenburg nicht erspart bleiben. Hier geht es jedoch nicht um persönliche Zurechnung oder moralische Schuld, sondern um die professionelle Verantwortung des Juristenstandes, und zwar in erster Linie derjenigen, die in Forschung und Lehre, aber auch in Justiz und Verwaltung für Staats- und Verfassungsrecht zuständig waren. Warum hat sich nicht eine einzige Stimme erhoben, die den ersten Satz der WRV in Stellung gebracht und den unverhohlen auf die „Vorsehung" gestützten Anspruch eines „messianisch beauftragten einzigen Führers" (Fest 1973) als evidenten

Verstoß gegen das republikanische Verbot jeder Herrschaft aus höherem Recht gebrandmarkt hat?

Bevor dazu die Geschichte des Betrugs am Begriff der Republik erzählt wird, kann Erfreuliches aus der aktuellen Staatsrechtslehre berichtet werden. Repräsentativ für eine Reihe von Kolleginnen und Kollegen, die der Reduzierung der Republik auf ein formales Monarchieverbot öffentlich widersprechen, schreibt Eckart Klein: „Ein Bundespräsident dürfte einen mit der Kanzlermehrheit gewählten Hitler heute nicht zum Bundeskanzler ernennen" – weil das republikanische Prinzip Führertum verbietet. In einem Sammelband „Freistaatlichkeit" der Reihe POLITIKA lautet die Begründung mit einem „Erst-recht-Argument" (wenn ein Selbstzitat erlaubt ist): „kein Fürst, kein König, kein Kaiser und erst recht kein Führer". Warum fehlte der Weimarer Verfassungslehre der Mut zu einem solchen *argumentum a fortiori*, das der Führerschaft als gesteigerter Form illegitimer Herrschaft die Macht entzieht?

Hermann Heller, Referent auf der Jahrestagung 1927 der Vereinigung der Deutschen Staatsrechtslehrer, hat die „Entleerung" der Grundbegriffe der WRV bereits 1930 als potentiell diktaturfördernd prognostiziert und damit leider Recht behalten. Was er an der „Entleerung des Rechtsstaatsgedankens" exemplifizierte, betraf auch und gerade den Gedanken der Republik. So schrieb Carl Schmitt in seiner vielzitierten „Verfassungslehre" im Jahre 1928: „Republik" bezeichne „heute nicht mehr (gleich ,Politie') den im Sinne von Aristoteles und Thomas idealen Staat", das Wort treffe „vielmehr seit Machiavelli nur negativ einen Gegensatz zur Monarchie als Staatsform." Als Quelle nannte er lediglich das erste

Kapitel des „Principe"; die durch und durch republikanischen, in ihrer staatsphilosophischen Substanz höchst
gehaltvollen und ganz und gar aristotelischen „Discorsi"
Machiavellis verschwieg er.

Das ist das Schweigen eines Begriffsbetrügers, der in
Ingo Müllers Enthüllungsbuch „Furchtbare Juristen" unter der Kapitelüberschrift „Der Staatsdenker" seine verdiente Verurteilung als juristischer Vorkämpfer der nationalsozialistischen „Selbstgleichschaltung" erfahren hat:
„Seine hemmungslose Anpassungssucht" habe „den von
Gegnern und Bewunderern stets als ‚geistreich' Gerühm-
ten" zu einer „Fülle niveauloser Peinlichkeiten" hingeris-
sen; als „moralischer Tiefpunkt deutscher Rechtswissenschaft" wird der Aufsatz „Der Führer schützt das Recht"
genannt, in dem die Mordaktionen nach dem sogenannten Röhm-Putsch gerechtfertigt werden. Die widerwär-
tige „Anbiederung an die Mörder" ist dabei in derselben
begriffsbetrügerischen Art und Weise erfolgt wie die
Täuschung über den Republikbegriff Machiavellis.

War es dort das Verschweigen eines Satzes, in dem
Machiavelli ausdrücklich auf den philosophisch gehaltvollen Republikbegriff seiner „Discorsi" hingewiesen
hat, ist es hier die Benutzung einer Metapher, die den Leser täuschen soll: „Aus dem Führertum fließt das Richtertum". Wer das Führertum als Quelle aller Herrschafts-
gewalt internalisiert hatte – und darauf zielte die „geistige
Mobilmachung" des Reichspropagandaministers und
seiner Söldner zwölf endlos lange Jahre ab –, empfand
das Fließen womöglich sogar als ästhetisches Sprachbild.
Wer Führerschaft als republikwidriges Übel empfindet,
wird die Assoziation eines ekelerregenden Ausflusses
kaum unterdrücken können. Bertolt Brecht hat solchem

Ekel 1941 in angemessener Sprachgestalt dichterischen Ausdruck verliehen: „Der Schoß ist fruchtbar noch, aus dem das kroch".

Das hier mit Bedacht als „Begriffsbetrug" bezeichnete Verfahren hatte bei Carl Schmitt, dem „Kriegstechniker des Begriffs" (Mehring 2014) Methode. Er selbst hat dafür unter dem Titel „Nationalsozialistisches Rechtsdenken" 1934 eine eindeutige Parole ausgegeben: „Wir denken die Rechtsbegriffe um". Seine Verehrer wollen dies allerdings bis heute nicht wahrhaben. Einige unter ihnen verharren in Verehrung für die Rhetorik des Meisters sogar dann, wenn ihnen die Verteufelung alles Jüdischen aus dem Aufsatz „Die deutsche Rechtswissenschaft im Kampf gegen den jüdischen Geist" entgegengehalten wird: Falls Zitate jüdischer Autoren überhaupt erfolgen, seien sie mit dem Zusatz „jüdisch" zu versehen; von dieser Stigmatisierung, die in fataler Weise an den Judenstern erinnert, werde – so Schmitt – „ein heilsamer Exorzismus ausgehen". Die sonst so verehrte Kunst der Wortfindung hier ausnahmsweise nicht ernst zu nehmen und von „Teufelsaustreibung" als wörtlicher Übersetzung nichts wissen zu wollen, ist eine Haltung, die eines seriösen Interpreten unwürdig ist.

Nimmt man die zitierte Passage aus der Verfassungslehre beim Wort, wird deutlich, wie Schmitts Begriffsbetrug die „Entleerung" des Republikprinzips im Sinne Hellers bewirkte: Was „Republik" angeblich „heute" bezeichne, wird als kontradiktorischer Gegensatz zur „Politie" bei Aristoteles und Thomas von Aquin (dem großen Übersetzer der aristotelischen Philosophie ins Lateinische) schlicht und einfach behauptet. Statt einer Begründung folgt nichts als der Klammerzusatz „Principe, cap.1". „Der Fürst" liegt in einer leicht zugänglichen Reclam-Ausgabe vor. Wer dort nachschlägt, um der von Schmitt propagierten und an der weiten Verbreitung seiner Verfassungslehre partizipierenden Zweiteilung in „Republiken oder Fürstentümer" nicht blind zu folgen, findet auf derselben Seite das zweite Kapitel, das mit dem Satz beginnt: „Von den Republiken will ich hier nicht weiter reden, da ich davon anderwärts ausführlich gehandelt habe."

Eine editorische Anmerkung verweist dazu auf die „Discorsi sopra la prima deca di Tito Livio". Dieses republikanische Vermächtnis Machiavellis rühmt rechtshistorisch die Republik der Römer, ideengeschichtlich aber jene „Politie" des Aristoteles, die Carl Schmitt kurzerhand für erledigt erklärt hat, und zwar ausgerechnet unter Berufung auf Machiavelli. „Vivere politico", das republikanische Motto der „Discorsi", artikuliert ein gehaltvolles Prinzip politischen Lebens in einer „Gemeinschaft freier Menschen" im Geiste der aristotelischen „Politik", der im fünften Kapitel zu erläuternden Urschrift des politischen Aristotelismus. Die aristotelische Unterscheidung zwischen „politischer" und „despotischer" Regierung markiert einen substantiellen Gegensatz zweier Regierungsweisen, der es philosophischen Köpfen verbietet, die Republik rein formal als Nicht-Monarchie zu definieren. Dieser Definition zu folgen, bedeutet daher unweigerlich, Carl Schmitts Begriffsbetrug und mit ihm die „Entleerung" des Republikbegriffs zu unterstützen (Diskussion in VVDStRL 60, 2001).

Die beiden prominentesten Beispiele einer solchen Unterstützung in der bundesdeutschen Staatsrechtslehre sind Roman Herzog und Klaus Stern. Herzogs Kommentierung der „Verfassungsentscheidung für die Republik" versagt es sich zwar zunächst, „von den Begriffsinhalten auszugehen, die Machiavelli seiner berühmten Unterscheidung zugrundegelegt hat", kommt im nächsten Absatz aber gleichwohl zum Ergebnis, „Republik" sei „heute nicht mehr und nicht weniger als der Gegensatz zur Monarchie" (Herzog 1984). In einem derart inhaltslosen Republikbegriff ist kein Raum für die drei nicht-despotischen Regierungsweisen des Aristoteles (das Königtum der „basileia", die Aristokratie und die Politie) und für die Übersetzung des griechischen Lehnwortes „Politie" (für „politeia") mit dem lateinischen Lehnwort Republik (für „res publica"). Das ist bedauerlich. Denn in Anbetracht seines Ansehens als Grundgesetzkommentator, Präsident des Bundesverfassungsgerichts und Bundespräsident hätte Herzog viel dazu beitragen können, den begrifflichen Raum der Republik wieder mit jenem aristotelischen Inhalt zu füllen, den Carl Schmitt daraus entfernt hat.

Klaus Sterns voluminöses und vielzitiertes „Staatsrecht der Bundesrepublik Deutschland" äußert sich dazu folgendermaßen: „In seinem ‚Principe' (1513) teilt Machiavelli die Staatsformen in monarchische und republikanische ein. [...] Diese Zweiteilung vermochte sich für die Zukunft durchzusetzen" (Stern 1984). Gegenüber einem aufmerksamen Leser der ausdrücklichen Verweisung Machiavellis auf seine republikanisch gehaltvollen „Discorsi" hätte die inhaltsleere Zweiteilung rein gar nichts „vermocht". Vielmehr hätte ein gehaltvoller Republikbegriff die – mit Verlaub – verkrampft formaljuristische Deutung verhindert, die Stern dem Geschehen am 30. Januar 1933 gegeben hat: Die „Ernennung Hitlers" sei „noch in den Bahnen der Verfassung" verlaufen, „die republikanische Staatsform" erhalten geblieben, aber „die politische Substanz der alten Verfassung" zerstört worden. Wer den roten Lesefaden nicht verloren hat, kann entgegenhalten: Ein nicht entleerter Republikbegriff meint eben jene „politische Substanz" einer freistaatlichen Verfassung, die republikanisches Königtum (die „basileia" des Aristoteles und die „regalis res publica" Ciceros) erlaubt, aber despotisches Führertum verbietet.

Den Führer hat nicht nur Carl Schmitt verteidigt. Theodor Maunz schrieb 1934 in seinem Buch „Neue Grundlagen des Verwaltungsrechts": „Das zentrale Rechtsgebilde, hinter dem alle anderen Rechtsgebilde zurückzutreten haben, ist der politische Führer". Maunz erweist sich hier als Nachfahre jenes furchtbaren Staatsrechtslehrers, der im selben Jahr das Richtertum aus dem Führertum hatte „fließen" lassen. So erben sich die braunen „Rechtsgebilde" wie eine ewige Krankheit fort – im Falle Maunz sogar in anonymen Beiträgen für die „National-Zeitung" bis zu seinem Tode 1993. Das Pietätsprinzip *De mortuis nil nisi bene* verlangt *nicht*, über die Toten „nichts als Gutes" („bonum") zu berichten, sondern nur, die Wahrheit „bene", in angemessener Weise zum Ausdruck zu bringen. Die literarische Form dafür wurde im leicht verfremdeten Zitat („So erben sich Gesetz und Rechte wie eine ew'ge Krankheit fort") von Goethe geborgt (Faust I, Schülerszene).

Die Reihe furchtbarer Rechtslehrer könnte mit Staatsrechtslehrern wie Ernst Rudolf Huber fortgesetzt und um Zivil- und Strafrechtslehrer wie Karl Larenz und Georg Dahm ergänzt werden. Das Bild bliebe braun und häßlich, ohne den Befund betrügerischer Entleerung des

Republikbegriffs in Frage zu stellen. Diese Entleerung schuf den Raum für die „normative Kraft des Ideologischen" (Rüthers 1987) und damit für die völlige Bedeutungslosigkeit des ersten Satzes der WRV: „Das Deutsche Reich ist eine Republik". Eine philosophisch wirksame Waffe gegen die nazistische Ideologie des Führertums ist die alteuropäische Ideengeschichte des republikanischen Staates, die in ihren griechisch-römischen Ursprüngen im fünften Kapitel geschildert wird. Mit dem auch in diesem Sinne ursprünglichen Republikaner Weimars, dem Verfassungsvater Hugo Preuß, wurde daraus im ersten Kapitel das staatsrechtliche Schwert eines Verbotes jeder Herrschaft aus höherem Recht geschmiedet.

Es wäre auch gegen das Führertum jenes österreichischen Gefreiten einsetzbar gewesen, der sein Herrschaftsrecht als „größter Führer aller Zeiten" auf eine ominöse „Vorsehung" stützte. Wenn ihm die Massen in Ritualen wie in einer Religion huldigten, hätte solcher Götzendienst mit seinen pseudoreligiösen Komponenten (Ullrich 2013) den wissenschaftlichen Widerstand traditionsbewahrender Republikaner hervorrufen müssen. Hierfür hätte es echten Heldenmutes wie in der Gruppe der Attentäter um Graf von Stauffenberg nicht bedurft; ein ehrliches Bekenntnis zur republikanischen Tradition des alten Europa und zu Widerstandskämpfern gegen despotische Herrschaft wie Aristoteles, Cicero, Rousseau, Kant und Hegel (die ab dem fünften Kapitel vorgestellt werden) wäre ausreichend gewesen. Carl Schmitt gehört mit seiner „Verfassungslehre" nicht zu diesem honorigen Kreis, Machiavelli mit seinen „Discorsi" sehr wohl.

Literatur zu Kapitel 2

Fest, Joachim C., Hitler. Eine Biographie, 1973.

Frei, Norbert, Der Führerstaat. Nationalsozialistische Herrschaft 1933 bis 1945, 1987.

Ders., „Machtergreifung". Anmerkungen zu einem historischen Begriff, in: Vierteljahreshefte für Zeitgeschichte 1983, S. 136–145.

Glaser, Hermann, Adolf Hitlers Hetzschrift „Mein Kampf", 2014.

Grawert, Rolf, Die nationalsozialistische Herrschaft, in: Handbuch des Staatsrechts, Band 1, 3. Aufl. 2003, S. 235–265.

Gröschner, Rolf, Der Freistaat des Grundgesetzes, in: *Ders./Lembcke, Oliver* (Hrsg.), Freistaatlichkeit. Prinzipien eines europäischen Republikanismus, 2011, S. 293–352.

Haffner, Sebastian, Anmerkungen zu Hitler, 1978.

Heller, Hermann, Rechtsstaat oder Diktatur?, in: *Ders.*, Gesammelte Schriften, Band. 2, 2. Aufl. 1992, S. 443–462.

Herzog, Roman, Die Verfassungsentscheidung für die Republik, in: *Maunz, Theodor/Dürig, Günter* (Hrsg.), Grundgesetz, Band 2, 1980.

Hitler, Adolf, Mein Kampf, Zwei Bände in einem Band, ungekürzte Ausgabe, 25. Aufl. 1933.

Klein, Eckart, Der republikanische Gedanke in Deutschland, in: Die Öffentliche Verwaltung 2009, S. 741–747.

Machiavelli, Nicolo, Der Fürst. Il Principe, deutsche Übersetzung 1961.

Ders., Discorsi, deutsche Gesamtausgabe 1977.

Maunz, Theodor, Neue Grundlagen des Verwaltungsrechts, 1934.

Mehring, Reinhard, Kriegstechniker des Begriffs. Biographische Studien zu Carl Schmitt, 2014.

Müller, Ingo, Furchtbare Juristen, 1987.

Schmitt, Carl, Der Führer schützt das Recht, in: Deutsche Juristen-Zeitung 39 (1934), Sp. 945–950.

Ders., Die deutsche Rechtswissenschaft im Kampf gegen den jüdischen Geist, in: Deutsche Juristen-Zeitung 41 (1936), Sp.
1193–1199.

Ders., Verfassungslehre, 1928, unveränderter Nachdruck 1970.

Scriba, Florian, „Legale Revolution"?, 2009.

Pyta, Wolfram, Hindenburg, 2007.

Rüthers, Bernd, Wir denken die Rechtsbegriffe um …, 1987.

Stern, Klaus, Das Staatsrecht der Bundesrepublik Deutschland,
Bd. 1, 2. Aufl. 1984.

Ullrich, Volker, Adolf Hitler. Biographie, Band 1: Die Jahre des
Aufstiegs 1889–1939, 2013.

Veröffentlichungen der Vereinigung der Deutschen Staatsrechtslehrer (VVDStRL), Band 60, 2001: Die deutsche Staatsrechtslehre in der Zeit des Nationalsozialismus.

3. Die Partei hatte niemals Recht

Der Führungsanspruch der SED mit seinen Folgen
(22.4.1946)

„Die Partei, die Partei, die hat immer Recht!" Wer diesen Refrain des „Liedes von der Partei" nie gehört hat, findet ihn im Internet so intoniert, wie er als Hymne der Sozialistischen Einheitspartei Deutschlands (SED) zum propagandistischen Einsatz kam. „Sie", die angeblich „alles gegeben" hat, von „Sonne und Wind" über „Ziegel zum Bau" bis zum „großen Plan", wird in drei Strophen besungen und am Ende des dreifach wiederholten Kehrreims getreu der offiziellen Ideologie der SED bejubelt: „So, aus Leninschem Geist, wächst, von Stalin geschweißt, die Partei, die Partei, die Partei". Ihr ideologischer Anspruch, „immer Recht" zu haben, war keine „stalinistische Entartung", sondern „allgemein marxistisch-leninistisch" (Kahl 2005). Die verbale Entstalinisierung, nach der es ab 1959 hieß „So aus Leninschem Geist wächst zusammengeschweißt die Partei", ließ ihren rechthaberischen Anspruch daher unberührt.

Für die Gründung der Partei gilt gleichwohl: „Im Anfang war Stalin" (Hertle/Wolle 2004). Denn ohne die von Stalin nach dem Tode Lenins (1924) diktatorisch geführte Kommunistische Partei der Sowjetunion (KPdSU) wäre die SED nicht entstanden: Die späteren Parteifunktionäre mit Walter Ulbricht an der Spitze wurden im Moskauer Zentralkomitee der KPdSU geschult und die Einheitspartei als solche ist aus einer von Moskau mit Macht betriebenen Zwangsvereinigung der Kommunistischen und der Sozialdemokratischen Partei Deutschlands (KPD und SPD) hervorgegangen – gegen Kurt Schumachers SPD außerhalb der Sowjetischen Besatzungszone (SBZ). Ein theatralisch inszenierter, als „historisch" hochstilisierter und im Emblem der Partei nachgebildeter Händedruck der Parteivorsitzenden Wilhelm Pieck (KPD) und Otto Grotewohl (SPD) bildete den Auftakt einer zweitägigen Veranstaltung im Berliner Admiralspalast, an deren Ende am 22. April 1946 die Gründung der SED und damit „die Auslöschung der Sozialdemokratie" in der SBZ stand (Malycha/Winters 2009).

Auch das Emblem oder Logo der Partei kann man leicht googeln: Umrahmt vom Parteinamen „Sozialistische Einheitspartei Deutschlands" zeigt es vor dem Hintergrund einer roten Fahne zwei zum Handschlag gereichte Hände, die den erwähnten historischen Moment der Vereinigung von SPD und KPD zur SED symbolisieren sollen. Mit dem Refrain „von Stalin geschweißt" im Ohr und der Inszenierung des Händedrucks im Admiralspalast vor Augen, ist es das Symbol einer Propagandalüge: Sozialdemokraten und Kommunisten hatten einander die Hände *nicht* freiwillig gereicht und die rote Fahne einer marxistisch-leninistischen Kaderpartei war *nicht* aus freiem Willen der Bevölkerung in der SBZ gehißt worden. Durch den Zwang zu ihrer Gründung, die undemokratische Struktur und die von Moskau diktierte Programmideologie war die Partei, die „immer Recht" zu haben beanspruchte, von allem Anfang an im Unrecht.

Mit Gründung der „Deutschen Demokratischen Republik" am 7. Oktober 1949, die Stalin in einem Schreiben an Pieck und Grotewohl als „Wendepunkt in der Geschichte Europas" bezeichnete, wurde die Parteiideologie der SED zur Staatsideologie der DDR. Was dies bedeutete, kommt in Hermann Webers historischem Standardwerk „Die DDR 1945–1990" klar und deutlich zur Sprache: Entwicklung einer Parteidiktatur unter Ausschaltung innerparteilicher Demokratie, Lenkung des Staatsapparates, der Justiz, der Wirtschaft und der gesamten Gesellschaft, Kontrolle der Medien, des Erziehungs- und Bildungswesens und des Kunst- und Kulturschaffens. Rigoros gehandhabt wurde vor allem das Instrument des Staatssicherheitsdienstes in den Händen des 1950 eingerichteten „Ministeriums für Staatssicherheit" (MfS). 1989 beschäftigte das MfS 85.000 hauptamtliche „Stasi"-Agenten und 108.000 inoffizielle Mitarbeiter (IM), die ihre Arbeit der Bespitzelung und Denunzierung verdächtiger, nicht eindeutig auf Parteilinie liegender Personen mit deutscher Gründlichkeit erledigten.

Der Marxismus-Leninismus stalinistischer Prägung wurde zur obligatorischen Partei- und Staatsideologie erklärt und mit einem unsäglichen Kult um die Person Stalins verbunden. Zu seinem siebzigstem Geburtstag schrieb die Zeitung „Neues Deutschland" am 21. Dezember 1949, er sei der „große Lehrer der deutschen Arbeiterbewegung und beste Freund des deutschen Volkes". Im Juni 1951 gab das Zentralkomitee der SED die Losung aus „Von der Sowjetunion lernen heißt siegen lernen". Was in der stalinistischen Sowjetunion zwischen 1944 und 1956 wirklich geschah, beschreibt Anne Applebaum in ihrem Buch „Der Eiserne Vorhang" mit beeindruckender, in der

Vergegenwärtigung eines Generalangriffs auf die Gesellschaft aber beängstigender Akribie: „Die Sowjets inhaftierten, ermordeten oder deportierten Menschen, die sie für antisowjetisch hielten und setzten gewaltsam eine Politik der ethnischen Säuberungen durch".

Auch nach Stalins Tod (1953) kannte der Stalinismus nur *ein* Ziel: Umwandlung der Gesellschaft und Schaffung des *homo sovieticus* als Vertreter einer neuen Gattung ideologisch gleichgeschalteter Menschen. Die einschlägige Monographie zur politiktheoretischen Qualifizierung einer solch „totalen", alle Lebensbereiche erfassenden und alle Freiheit erstickenden Herrschaft ist Hannah Arendts Buch „The Origins of Totalitarism" (1951). In der von ihr selbst besorgten deutschen Ausgabe ist es 1955 unter dem Titel „Elemente und Ursprünge totaler Herrschaft" erschienen und in seither fünfzehn Auflagen auch außerhalb eines engeren Kreises von Kennern ihrer Politischen Theorie bekannt geworden. Die zentrale Aussage lautet: „Totale Herrschaft" schließt die ihr Unterworfenen und von ihr Unterdrückten „mit solcher Gewalt in das eiserne Band des Terrors [...], daß der Raum des Handelns, und dies allein ist die Wirklichkeit der Freiheit, verschwindet".

Die große Freiheitstheoretikerin hat den von ihr geprägten Begriff der totalen Herrschaft auf Hitlers Nationalsozialismus und Stalins Kommunismus bezogen. Nach 40 Jahren eines „real existierenden Sozialismus" in der DDR, in denen die „Wirklichkeit der Freiheit" aufgrund derselben marxistisch-leninistischen Herrschaftsideologie zum Verschwinden gebracht wurde wie in der stalinistischen UdSSR, kann dem „Schönreden der SED-Diktatur" (Knabe 2007) aber nur mit der entschie-

denen Qualifizierung als totalitäres Regime im Arendt-
schen Sinne entgegengetreten werden. Das ideologische
Programm einer staatlichen Erziehung zum „sozialistischen Menschen" wurde mit den Mitteln totaler Überwa-
chung, politischer Verfolgung und – besonders perfide –
psychologischer „Zersetzung" denunzierter Personen
ebenso unerbittlich durchgesetzt wie in „Jugendwerk-
höfen" und Gefängnissen. Thorgau und Bautzen dulden
keine „Ostalgie" (Abbe 2005) und die Todesschüsse auf
„Grenzverletzer" keine Leugnung des offiziellen Schieß-
befehls (Hertle 2011).

Ungeachtet der Unterschiede zwischen Nationalsozialismus, Marxismus-Leninismus und Stalinismus und
ohne Vergleiche von Opferzahlen ihrer totalitären Herrschaft, die das jeweilige Einzelschicksal verhöhnen, verbietet ein gehaltvoller Republikbegriff den freiheitswid-
rigen Herrschaftsanspruch einer Partei nicht weniger als
denjenigen eines Führers. Die Rehabilitierung der Opfer
von SED und Staatssicherheit (die sich als „Schild und
Schwert der Partei" verstand) war daher nicht nur ein
rechtsstaatliches, sondern auch ein republikanisches Anliegen des Einigungsvertrages zwischen der Bundesrepublik Deutschland und der Deutschen Demokratischen
Republik. Denn der in Artikel 17 des Vertrags verwendete Begriff des „SED-Unrechts-Regimes" gibt auch
und gerade in republiktheoretischer Interpretation zu-
treffend wieder, worauf das betreffende Regime-Unrecht
beruhte: auf dem Herrschaftsanspruch einer Partei, der
nicht durch den Willen einer freien Bürgerschaft – und
damit nicht durch ein republikanisches Wir – legitimiert
war.

In der Verfassung der DDR vom 7. Oktober 1949 noch nicht enthalten, wurde dieser Anspruch in Artikel 1 der Verfassung vom 6. April 1968 folgendermaßen artikuliert: Die DDR „ist die politische Organisation der Werktätigen in Stadt und Land, die gemeinsam unter Führung der Arbeiterklasse und ihrer marxistisch-leninistischen Partei den Sozialismus verwirklichen". Die Verfassung vom 7. Oktober 1974 hat den betreffenden Führungsanspruch um den Vorspruch ergänzt, die DDR sei „ein sozialistischer Staat der Arbeiter und Bauern". Faktisch war die Zahl der Arbeiter, Bauern und Werktätigen in der SED bei einer Mitgliederzahl zwischen 1,3 Millionen 1946 und 2,4 Millionen 1989 aber immer geringer als die der Angestellten, Lehrer und – symptomatisch für eine Kaderpartei – der hohen Partei- und Wirtschaftsfunktionäre. Auch die „Führung der Arbeiterklasse" war also nichts als eine Propagandaphrase.

Lang bevor die Einheitspartei sich ihren Führungsanspruch verfassungsrechtlich verbriefen ließ, hatte das Politbüro der SED die Volkskammer aus ihrer Funktion als Gesetzgeber verdrängt. Nach einem Beschluß vom 17. Oktober 1949 (also nur 10 Tage nach Inkrafttreten der *de iure* gewaltenteiligen Verfassung) wurde die Gewaltenteilung *de facto* beseitigt (Zitat nach Suckut 2000): „Gesetze und Verordnungen von Bedeutung, Materialien sonstiger Art, über die Regierungsbeschlüsse herbeigeführt werden sollen, weiterhin Vorschläge zum Erlaß von Gesetzen und Verordnungen müssen vor ihrer Verabschiedung durch die Volkskammer und die Regierung dem Politbüro bzw. Sekretariat des Politbüros zur Beschlußfassung übermittelt werden." Selbst wenn die Volkskammer ein frei gewähltes Parlament gewesen wäre – was sie bekanntlich bis zum 18. März 1990 nicht war –, hätte sie keine unabhängige Gesetzgebung zustande gebracht.

Welche Vorgaben eine Verfassung enthält, die sich – wie das Grundgesetz – als „freiheitlich" und „demokratisch" definiert, hat das Bundesverfassungsgericht in zwei frühen Parteiverbotsverfahren entschieden. Das erste Urteil betraf 1952 das Verbot der Sozialistischen Reichspartei (SRP) als Nachfolgeorganisation der NSDAP, das zweite 1956 das Verbot der Kommunistischen Partei Deutschlands (KPD), also zweier Parteien mit dem Anspruch „totaler Herrschaft" im Sinne Hannah Arendts. In Übereinstimmung mit ihrer Theorie, aber selbstverständlich im verfassungsrechtlichen Argumentationszusammenhang der betreffenden Verfahren wird der nationalsozialistische Herrschaftsanspruch mit derselben Begründung als verfassungswidrig zurückgewiesen wie der kommunistische: als Verstoß gegen die in der Parteiverbotsvorschrift des Artikels 21 Absatz 2 GG so genannte „freiheitliche demokratische Grundordnung".

Das Bundesverfassungsgericht hat diesen – nicht mit Bindestrich geschriebenen – Begriff in beiden Verbotsverfahren übereinstimmend wie folgt bestimmt: „eine Ordnung, die unter Ausschluß jeglicher Gewalt- und Willkürherrschaft eine rechtsstaatliche Herrschaftsordnung auf der Grundlage der Selbstbestimmung des Volkes nach dem Willen der jeweiligen Mehrheit und der Freiheit und Gleichheit darstellt". Nimmt man das Fehlen eines Bindestrichs zwischen „freiheitlich" und „demokratisch" ernst, enthält die Bestimmung des Bundesverfassungsgerichts zwei gut voneinander zu unterscheidende Begriffsbestandteile: die „demokratische" Grundordnung betrifft die „Selbstbestimmung des Volkes nach dem Willen der jeweiligen Mehrheit", die „freiheitliche" Grundordnung den Rest der Begriffsbestimmung. Zieht man davon noch den ausdrücklich „rechtsstaatlich" genannten Freiheitsanteil ab, ist der „Ausschluß jeglicher Gewalt- und Willkürherrschaft" nach dem hier verfolgten Gedankengang zwingend republikanisch zu verstehen: als Ausschluß freiheitswidriger oder despotischer Herrschaft im aristotelischen Sinne (dazu Näheres in Kapitel 5). Mit der bekennenden Aristotelikerin Arendt kann man auch vom Ausschluß totaler Herrschaft sprechen.

Wie willkürlich und gewaltsam das Regime der DDR mit Regimegegnern umging, steht nach sorgfältig erforschter Aktenlage und abgewogenem Urteil unabhängiger Historiker inzwischen fest. Auch über die Ursachen besteht in den Wissenschaften der Geschichte, der Politik und des Rechts Einigkeit: Keine freien Wahlen, keine unabhängige Justiz und keine Gewaltenteilung, hauptsächlich aber: „Diktatur der SED über alle Bereiche von Staat, Gesellschaft, Wirtschaft und Kultur" (Weber 2012). Eine solche Parteidiktatur war totalitär im politiktheoretischen und freiheitswidrig oder unrepublikanisch im verfassungsrechtlichen Sinne. Der bereits erwähnte Artikel 17 des Einigungsvertrages zwischen der Bundesrepublik Deutschland und der DDR vom 31. August 1990 hat deshalb mit vollem Recht einer republikanischen Regelung vorgeschrieben, „unverzüglich" eine „gesetzliche Grundlage" dafür zu schaffen, „daß alle Personen rehabilitiert werden können, die Opfer einer politisch motivierten Strafverfolgungsmaßnahme oder sonst einer rechtsstaats- und verfassungswidrigen gerichtlichen Entscheidung geworden sind" und die „Rehabilitierung dieser

Opfer des SED-Unrechts-Regimes" mit einer „angemessenen Entschädigungsregelung zu verbinden."

1992 und 1994 wurden das erste und das zweite „Gesetz zur Bereinigung des SED-Unrechts" erlassen, und zwar unter dieser amtlichen Bezeichnung. Artikel 1 des ersten Gesetzes enthält das Gesetz über die Rehabilitierung und Entschädigung von Opfern rechtsstaatswidriger Strafverfolgungsmaßnahmen (Strafrechtliches Rehabilitierungsgesetz). Als Artikel 1 und 2 des zweiten Gesetzes wurden in Kraft gesetzt: das Gesetz über die Aufhebung rechtsstaatswidriger Verwaltungsentscheidungen (Verwaltungsrechtliches Rehabilitierungsgesetz) und das Gesetz über den Ausgleich beruflicher Benachteiligungen für Opfer politischer Verfolgung (Berufliches Rehabilitierungsgesetz). Auch im dritten SED-Unrechtsbereinigungsgesetz aus dem Jahre 2007 spricht der Gesetzgeber von „rehabilitierungsrechtlichen" Vorschriften und setzt damit die Reihe der erwähnten Gesetze mit guten Gründen in ihrer Benennung fort: Strafrechtliches, Verwaltungsrechtliches und Berufliches „Rehabilitierungsgesetz".

In diesen Gesetzen geht es nicht um „Rehabilitation", also nicht um sozialrechtliche Maßnahmen zur Wiedereingliederung in das berufliche und gesellschaftliche Leben. Das Wort „Rehabilitierung" unterscheidet sich hiervon zwar nur durch eine andere Endung, in seiner juristischen Verwendung aber durch eine ganz andere Bedeutung: Wiederherstellung der Ehre, des guten Rufes und sozialen Ansehens einer durch Andere herabgesetzten, gekränkten oder entwürdigten Persönlichkeit. Während „Rehabilitation" im Sozialrecht schon um 1960 verwendet wurde, handelt es sich bei „Rehabilitierung" um einen erst in der Zeit der Wiedervereinigung gebrauchten Gesetzesbegriff. Am 6. September 1990 hatte die erste frei gewählte Volkskammer der DDR (darin liegt die Bedeutung des oben kurz angesprochenen Tages der Wahl vom 18. März 1990) ein „Rehabilitierungsgesetz" zur Aufhebung von Unrechtsakten des SED-Regimes und die Entschädigung seiner Opfer beschlossen. Dieser treffenden Begriffsbildung sind sowohl der Einigungsvertrag als auch die Gesetzgebung im wiedervereinigten Deutschland gefolgt. Wissenschaftlich seriös kann deshalb niemand behaupten, Begriff und Anliegen einer „Rehabilitierung" der SED-Opfer hätten ihren Ursprung in der „BRD" oder gar im Revanchismus des Klassenfeindes gehabt.

Das Grundproblem der verfassungsrechtlichen Qualifizierung von „Regime-Unrecht" ist die Frage, wie tief das staatliche Unrecht den Charakter des jeweiligen Rechtssystems unterminiert hat: Wenn das Unrecht auf das gesamte System ausstrahlt, haben Unrechtsregime – im wahrsten Sinne des Wortes – kein Recht. Oder darf man davon ausgehen, daß auch in Unrechtsregimen Teile des Systems als Recht gelten können? Im Falle der DDR hat der Gesetzgeber gegen die Ausstrahlungsthese und für eine weitgehende Anerkennung des ehemaligen Rechts entschieden. Von dieser Anerkennung sind schwere, in der Regel ideologisch motivierte Verletzungen der Menschenrechte ausgenommen, durch die sich der Unrechtscharakter des SED-Regimes offenbart. Auch wenn Bautzen nicht Auschwitz und Hohenschönhausen nicht Buchenwald war, kommt man bei der Interpretation des Rehabilitierungsrechts der SED-Opfer um einen Vergleich mit dem Wiedergutmachungsrecht für die Verfolgten des Naziregimes nicht herum. Der hier vorzunehmende Vergleich beschränkt sich aber auf das *Recht* der Rehabilitierung als Mittel der Wiedergutmachung und verzichtet auf einen Vergleich des *Unrechts* der Systeme.

Der Unterschied im rehabilitierungsrechtlichen Ansatz ist nicht graduell, sondern kategorial: Während die Bundesrepublik Deutschland als Rechtsnachfolger des Deutschen Reiches im Vollsinne eines Schadensersatzes Verantwortung für Rechtsgutsverletzungen durch das Regime des Nationalsozialismus übernahm, war das wiedervereinigte Deutschland 1990 zu solcher Verantwortungsübernahme für die durch das SED-Regime verursachten Schäden nicht bereit. In der amtlichen Begründung zum zweiten SED-Unrechtsbereinigungsgesetz heißt es zur Intention, nur „gravierende Unrechtsfälle" einzubeziehen: „Ein voller Schadensersatz kann dabei nicht in Betracht kommen. Vielmehr sollen Ausgleichsleistungen unter sozialen Aspekten gewährt werden, mit denen die fortwirkenden Folgen der Unrechtsmaßnahmen gemildert werden." Der kategoriale Unterschied beider Modelle beruht auf einer Differenzierung, die am Anfang abendländischer Gerechtigkeitsphilosophie begründet und bis heute beibehalten wurde.

Das Prinzip des Schadensersatzes folgt dem Modell der ausgleichenden Gerechtigkeit, jener seit Thomas von Aquin so bezeichneten *iustitia commutativa*, die im aristotelischen Original als arithmetische Gerechtigkeit bestimmt wird: als Gerechtigkeit, die durch eine Zahl (arithmos) beziffert werden kann – im Falle des Schadensersatzes durch den rechtlich festzusetzenden Wert des geschädigten Rechtsgutes. Kategorial anders das

Prinzip sozialer Entschädigung: Es folgt dem Modell der zuteilenden Gerechtigkeit, der *iustitia distributiva*, die Aristoteles als geometrische oder proportionale Gerechtigkeit darstellt (Gröschner et al. 2000). Weil sie keine Gerechtigkeit der Zahl, sondern der Verhältnisse ist, bereitet ihre Bestimmung schon prinzipiell die größeren Schwierigkeiten. Während ausgleichende Gerechtigkeit rechtlichen Schadensersatz ohne Ansehen der Person – eben rein zahlenmäßig – und nach formaler Gleichheit bestimmt, kommt es für soziale Entschädigung auf die Lage des Betroffenen und ihre lagespezifische materiale Ungleichheit an.

Aus verfassungsrechtlicher Sicht ist das erste Gerechtigkeitsmodell dem Rechtsstaat zuzuordnen, das zweite dagegen dem Sozialstaat. Eben deshalb ist das zweite Modell weitaus weniger von rechtlichen Erwägungen bestimmt als von politischen Entscheidungen, im wesentlichen also von parlamentarischen Mehrheitsentscheidungen. Denn, so sagt es das Bundesverfassungsgericht in ständiger Rechtsprechung, das Wesentliche zur Verwirklichung des Sozialstaates könne nur der Gesetzgeber tun. Für die Bemessung von Entschädigungsleistungen hat das Gericht den ohnehin weiten Gestaltungsraum des Gesetzgebers noch zusätzlich erweitert, indem es ihn zur Rücksicht auf die finanziellen Herausforderungen ermahnte, die sich aus dem Wiederaufbau auf dem Gebiet der ehemaligen DDR ergaben. Den Verfassungsrichtern zufolge rechtfertigte sich diese Mahnung auch und gerade deshalb, weil die „wirtschaftliche Bankrottlage" ein Ergebnis der „Mißwirtschaft" in der DDR war, für die „die Bundesrepublik nicht verantwortlich ist". Wegen dieser, im Karlsruher Klartext zitierten Verfassungsrechtslage stand es dem Gesetzgeber frei, welches Regelungsmodell er für die Bereinigung des SED-Unrechts bevorzugte.

Literatur zu Kapitel 3

Abbe, Thomas, Ostalgie. Zum Umgang mit DDR-Vergangenheit in den 1990er Jahren, 2005.

Applebaum, Anne, Der Eiserne Vorhang. Die Unterdrückung Osteuropas 1944 bis 1956, 2013.

Arendt, Hannah, Elemente und Ursprünge totaler Herrschaft, 15. Aufl. 2013.

Bruns, Michael/Schröder, Michael/Tappert, Wilhelm, Strafrechtliches Rehabilitierungsgesetz, 1993.

Entscheidungen des Bundesverfassungsgerichts, herausgegeben von den Mitgliedern des Gerichts, Band 2, S. 1 (SRP), Band 5, S. 85 (KPD), Band 84, S. 90 (Bodenreform).

Gröschner, Rolf, Grundrechtsverwirkung, in: *Dreier, Horst* (Hrsg.), Grundgesetz-Kommentar, Band 1, 2. Aufl. 2004, S. 1506–1522.

Ders., Sozialstaat, in: *Dreier, Horst* (Hrsg.), Grundgesetz-Kommentar, Band 2, 2. Aufl. 2006, S. 106–136.

Ders./Lembcke, Oliver, Zur rechtlichen Situation der SED-Opfer, in: Zur sozialen Lage der Opfer des SED-Regimes in Thüringen, Forschungsbericht im Auftrag des Thüringer Ministeriums für Soziales, Familie und Gesundheit, 2008, S. 14–38.

Ders./Dierksmeier, Claus/Henkel, Michael/Wiehart, Alexander, Rechts-und Staatsphilosophie. Ein dogmenphilosophischer Dialog, 2000.

Hertle, Hans-Hermann, „Grenzverletzer sind festzunehmen oder zu vernichten", in: Aus Politik und Zeitgeschichte, Beilage zur Wochenzeitung Das Parlament, Nr. 31–34, 2011, S. 22–28.

Ders./Wolle, Stefan, Damals in der DDR, 2004.

Herzler, Jürgen (Hrsg.), Rehabilitierung. Potsdamer Kommentar, 2. Aufl. 1997.

Kahl, Joachim, „Die Partei, die Partei, die hat immer Recht …", in: Aufklärung und Kritik, Sonderheft 10, 2005, S. 88–98.

Knabe, Hubertus, Die Täter sind unter uns. Über das Schönreden der SED-Diktatur, 4. Aufl. 2007.

Malycha, Andreas/Winters, Peter Jochen, Die SED. Geschichte einer deutschen Partei, 2009.

Suckut, Siegfried, Parteien in der SBZ/DDR 1945–1952, 2000.

Weber, Hermann, Die DDR 1945–1990, 5. Aufl. 2012.

Wimmer, Klaus, Verwaltungsrechtliches Rehabilitierungsgesetz. Kommentar, 1995.

4. Wir sind das Volk

Das Ende der DDR als Fortschritt im Begriff
einer Freiheitsrevolution (9. 11. 1989)

Am Abend des 9. November 1989 sprach Günter Scha-
bowski, Mitglied im Politbüro des Zentralkomitees der
SED, auf einer Pressekonferenz über ein neues Gesetz,
das DDR-Bürgern die Ausreise in die Bundesrepublik
Deutschland erlauben sollte. Die Frage eines Journalis-
ten, wann die Neuregelung in Kraft trete, beantwor-
tete er sichtlich und hörbar verunsichert mit der Angabe
„sofort, unverzüglich". Bild und Ton dieser legendären
Aussage, die zunächst im „Ostfernsehen" und dann in
der westdeutschen „Tagesschau" verbreitet wurde, lassen
sich im Internet leicht abrufen. So kann man nacherle-
ben, wie ein Spitzenfunktionär der SED wider Willen das
Ende der DDR herbeiführte: Was die „Aktuelle Kamera"
nicht so rasch bewirkt hätte, löste über das in Ostberlin
(un)heimlich gern gesehene „Westfernsehen" eine Men-
schenflut aus, der die Grenzbeamten an den Schlagbäu-
men nicht mehr widerstehen konnten. „Wir fluten jetzt"
hieß es um 23:20 Uhr am Grenzübergang Bornholmer
Straße (Mascolo 2004).

Der Damm war gebrochen, die Mauer gefallen, der Eiserne Vorhang geöffnet. Angesichts solch emotional be-
setzter Sprachbilder soll Metaphorik hier erst einmal ge-

mieden und in möglichst neutraler Sprache geschildert
werden, welches Geschehen der Grenzöffnung vorausge-
gangen war. Erst danach kann streng begrifflich geklärt
werden, warum der Zusammenbruch der DDR eine republikanische Revolution und keine „Wende" war, weshalb
der Umsturz unblutig, die Revolution aber nicht „friedlich" gewesen ist und wieso sie nicht etwa „unvollendet"
blieb. So verbreitet diese Redeweisen sind, so wenig werden sie der historischen Bedeutung des Umbruchs und
seiner rechtlichen Würdigung gerecht. Die begriffliche
Strenge, die der Rechtswissenschaft eigen ist, mag nicht
jedermanns Sache sein; im vorliegenden Zusammenhang
hilft sie aber, Wörter zu vermeiden, die den Charakter
und den Erfolg der Revolution verkennen.

An Büchern, Aufsätzen und sonstigen Lese- und An-
schauungsmaterialien, auf denen die betreffende Begriffsbildung beruht, fehlt es nicht. Die literarische Palette
bietet außer seriösen Grautönen der Geschichtswissen-
schaft auch etwas mehr Farbe wie in der dreihundertsei-
tigen Darstellung „Damals in der DDR" von Hans-Hermann Hertle und Stefan Wolle. Das Buch basiert auf einer
2005 mit dem Grimme-Preis ausgezeichneten zehnteili-
gen Fernsehdokumentation dieses Titels. Es läßt die Opfer des Regimes, von denen in Kapitel 3 die Rede war, zu
Wort kommen, schildert aber auch den „Alltag im Ar-
beiter- und Bauernstaat" (Untertitel): „das Mitlaufen, das
Abtauchen in Nischen, das Suchen nach dem ganz privaten Glück fern jeder Ideologie" (Vorwort Udo Reiter). So
richtig und wichtig es ist, diese privaten Aspekte nicht zu
vergessen, so bedeutungslos sind sie für das hier verfolgte
republikanische Interesse am revolutionären Charakter
des Umbruchs in der DDR.

Sieht man von dessen Vorgeschichte ab – die mit dem Aufstand vom 17. Juni 1953 beginnt –, zeigten sich Mitte Januar 1988 erste Anzeichen öffentlicher Regimekritik: Im Rahmen des jährlichen Gedenkens an die Ermordung Karl Liebknechts und Rosa Luxemburgs wurden über hundert Demonstranten festgenommen, die Luxemburgs Devise „Freiheit ist immer Freiheit des Andersdenkenden" auf einem Transparent mit sich führten. Wie die SED auf Andersdenkende reagieren würde, die dem Führungsanspruch vergreister Parteifunktionäre nicht mehr blind zu folgen bereit waren, hatte Stasi-Chef Erich Mielke im „Neuen Deutschland" vom 7. Februar 1985 ohne Umschweife so formuliert: „Gegen Feinde – unter welcher Tarnung sie auch glauben, gegen die sozialistische Ordnung operieren zu können – werden wir auch weiterhin konsequent vorgehen". Die Berufung auf Luxemburg war dann eben nicht Ausdruck der richtigen Gesinnung sozialistischer Genossen, sondern Tarnung feindlicher Operationen. Mit der Macht, die „Feinde" zu definieren, hatte Mielke die Definitionsmacht und die Stasi die Durchsetzungsmacht.

Bei den Kommunalwahlen im Mai 1989 waren solche „Feinde" des Sozialismus entschlossen, die allgemein vermutete Verfälschung des Wahlergebnisses aufzudecken. Vertreter oppositioneller Gruppen hatten die Auszählung in Ostberlin beobachtet und Gegenstimmen in der Größenordnung um zwanzig Prozent festgestellt. Gleichwohl lautete das offizielle Ergebnis: „98,85 Prozent" für den „gemeinsamen Wahlvorschlag der Nationalen Front". Die offenkundigen Manipulationen führten zu massiven Protesten und mutigen Anzeigen wegen Wahlfälschung. Das so bewiesene Selbstbewußtsein in

kirchlichen und gesellschaftlichen Kreisen der Regime-
kritiker wurde durch politische Reformen in der Sowjetunion, in Polen und in Ungarn von außen bestärkt. Die
Grußadresse der Parteiführung an die chinesischen Genossen, die der Demokratiebewegung in Peking im Juni
1989 ein blutiges Ende bereitet hatten, steigerte das individuelle Bewußtsein der Kritiker zur kollektiven Wut.
Zusammen mit einem in allen sozialen Schichten ver-
breiteten Stasi-Haß ergab dies eine Mischung explosiver
Emotionen.

Bevor die „Montagsdemonstrationen" in Leipzig diese
Emotionen entzündeten, war es im Rahmen des Volksfes-
tes zum 40. Geburtstag der DDR am 7. Oktober 1989 auf
dem Berliner Alexanderplatz gegen 17 Uhr zur Verhaf-
tung eines Jugendlichen gekommen, den vier Stasileute
unter Pfiffen und Buhrufen willkürlich aus der Menge
herausgegriffen und davongeschleppt hatten. Plötzlich,
so schildert Stefan Wolle die Szene, begann eine Gruppe
neben der Weltzeituhr „im Takt zu skandieren": „Freiheit… Freiheit… Freiheit!" Die Tatsache, daß Hunderte
in den Rhythmus einfielen, kommentiert er mit tiefen-
scharfem Blick des Historikers und literarischem Anspruch eines guten Geschichtenerzählers: „Das einfache,
schöne, klare Wort Freiheit – von Demagogen tausend-
fach mißbraucht, in Sonntagsreden zerkaut und im westlichen Politikbetrieb verschlissen – hatte 200 Jahre nach
dem Sturm auf die Bastille nichts von seiner Kraft und
Ausstrahlung eingebüßt. Jedenfalls nicht bei denen, die
diese Freiheit entbehrten wie die Luft zum Atmen".

Bei der Behandlung der Französischen Revolution (im
7. Kapitel) wird sich der Vergleich mit der Atemluft vor
dem weiten Horizont der Freiheitsphilosophie Rousse-

aus als gut gewählt erweisen. Aber auch die im engeren Sinne historische Würdigung des Geschehens verdient volle Zustimmung: „Das Unfaßbare war Wirklichkeit geworden: eine staatsfeindliche Demonstration mitten im Zentrum der sozialistischen Hauptstadt und noch dazu zur Jubelfeier des 40. Jahrestags der Republik". Weil den Gästen auf dem Galaempfang im „Palast der Republik" – mit Gorbatschow an der Spitze – das Trugbild eines stabilen Staates mit einer intakten Gesellschaft vorgegaukelt werden sollte, gab Mielke den Befehl zum gewaltsamen Eingreifen („Schluß mit dem Humanismus") erst, nachdem der Ehrengast aus der sowjetischen Bruderrepublik das Festbankett in Richtung Flughafen verlassen hatte.

Wie der Befehl ausgeführt wurde, ist im „Report der unabhängigen Untersuchungskommission zu den Ereignissen vom 7./8. Oktober 1989 in Berlin" festgehalten: „Mit unglaublicher Härte werden einzelne Demonstranten wie wahllos aus der Menge herausgegriffen und von bis zu acht zivilen MfS-Angehörigen zusammengeschlagen [...]. Bevorzugt richtet sich die Brutalität gegen Frauen, um männliche Demonstranten zum gewaltsamen Handeln gegen die Sicherheitskräfte zu provozieren [...]. Dem Beispiel der MfS-Kräfte folgend, mißhandeln Volkspolizisten verhaftete Demonstranten vor und in den LKW". In ungehemmter Umsetzung des Mielkeschen Mottos, auf „Feinde des Sozialismus" nicht mit dem „Humanismus" von Menschenfreunden zu reagieren, demaskierten die Verteidiger des Systems sich als primitive Schläger. „Für viele Beteiligte und Augenzeugen brach in dieser Nacht die letzte Illusion über den Charakter des sozialistischen Staates zusammen" (Hertle/Wolle 2004).

Dem Zusammenbruch der Illusion folgte der Zusammenbruch des Systems. Die Flucht vieler DDR-Bürger über die CSSR und Ungarn in die „BRD" wurde ebenso zu einem Massenphänomen wie die Montagsdemonstrationen in Leipzig. Am 9. Oktober waren dort 70.000 Menschen auf der Straße, am 16. Oktober 120.000 sowie am 23. und 30. Oktober jeweils 300.000. Die größte Massenveranstaltung fand aber am 4. November in Berlin statt: Auf der ersten offiziell genehmigten Demonstration in der DDR forderten mehr als eine halbe Million Menschen freie Wahlen, Versammlungs-, Meinungs- und Pressefreiheit. Vier Wochen nach dem Geburtstagsvolksfest war es wiederum der Alexanderplatz, auf dem für Freiheit demonstriert und gegen ein System der Unfreiheit opponiert wurde. Nun wurde der Freiheitanspruch aber nicht im Sprechchor skandiert, sondern in bewegenden Appellen artikuliert – gegen die (Für-)Sprecher des Systems von rund einem Dutzend (Gegen-)Rednern der Opposition (Videos im Internet, Bilder und Texte in der Dokumentation „4. November '89").

Was die Massivität des demonstrativen Protests außerhalb Berlins betrifft, kann man sich auf die Gründlichkeit der Observationen und die Genauigkeit der Aufzeichnungen durch das MfS verlassen. Es zählte in der letzten Oktoberwoche 1989 in den größeren Städten der DDR 145 Demonstrationen mit 540.000 Teilnehmen (Timmer 2000). Den ideologisch verblendeten und für die gesellschaftliche Wirklichkeit blinden Spitzenfunktionären der Partei erschien die Entwicklung aber immer noch beherrschbar. Egon Krenz als Nachfolger Honeckers und letzter Generalsekretär der SED versprach daher am 18. Oktober eine „Wende" der Partei, mit der

er das alte System zu retten versuchte – und zwar zeitlich
wie sachlich *vor* einer Revolution. In Unkenntnis dieses
Umstandes das Wort „Wende" zu gebrauchen, ist gelinde
gesagt unbedarft. Es trotz Kenntnis seines Urhebers zu
verwenden, ist ein Affront gegenüber allen, die das Ende
des alten Systems erzwungen haben und nicht zu den
„Fans von Egon Krenz" gezählt werden wollen (Eppel-
mann/Grünbaum 2004).

Wer „Wende" sagt, hat für das revolutionäre Potential des Protests ebensowenig einen Begriff wie für den
rebellierenden Freiheitswillen, der sich im Sprechchor
„Wir sind das Volk" artikulierte. Als Straßenparole auf
der Leipziger Montagsdemonstration am 9. Oktober zunächst gegen die strafrechtliche Stigmatisierung der Demonstranten als „Rowdies" gerichtet, wurde aus einem
Leitmotiv von Rebellen *das* Leitwort der Revolution.
In Ehrhart Neuberts Buch „Unsere Revolution" wird
es ganz im Sinne des hier vertretenen Republikbegriffs
gewürdigt: „Die Revolution hat ihren Logos hervorgebracht. Die Bürger treten aus der Untertanenrolle, sie bestreiten die Legitimation des sogenannten Arbeiter- und
Bauernstaates und ernennen sich selbst zum Souverän".
Ein am 18. Oktober erschienenes Informationsblatt des
„Neuen Forums" hat dafür den besten Begriff bemüht,
den die alteuropäische Ideengeschichte freistaatlichen
Denkens zu bieten hat: „Wir wollen eine res publica".

So geglückt das republikanische Wir-Wort formuliert ist, so unglücklich erscheint aus Sicht der Rechtswissenschaft das Adjektiv „friedlich" als Eigenschaft der
DDR-Revolution. Gut gemeint ist diese häufig verwendete Kennzeichnung gewiß. Und gewiß bringt sie auch
die erklärte Absicht der Montagsdemonstranten zum

Ausdruck, auf Gewalt zu verzichten. Ihre Intentionen und Handlungen waren – bis auf wenige Ausnahmen insbesondere in Dresden am 4. Oktober – unstreitig friedlich. Als Eigenschaftsbezeichnung einer „Revolution" bezieht „friedlich" sich aber *nicht* auf die Demonstranten, sondern auf den Erfolg der revolutionären Ereignisse. Und in dieser grammatikalisch eindeutigen Verbindung des Adjektivs „friedlich" mit dem Substantiv „Revolution" stellt die Wortverbindung „friedliche Revolution" eine *contradictio in adjecto* dar (Johnson 1971). Sie bringt sich selbst in einen inneren Widerspruch zu dem Zweck, der dem Staat seit Thomas Hobbes (Leviathan, 1651) begrifflich zwingend zugeschrieben wird: den Frieden auf Erden zu gewährleisten.

„Friedlich" geht es in dieser klassischen Begriffstradition des Staatszwecks der Friedenssicherung nur dann zu, wenn die Autorität des Staates durch die Staatsbürger nicht in Frage gestellt wird. Die Demonstranten des Jahres 1989 waren zwar einig in ihrem bekennenden, durch Kerzen symbolisierten und im Sprechchor „Keine Gewalt" dokumentierten Gewaltverzicht, in ihrer gemeinsamen Rebellion gegen die bestehende, als illegitim empfundene Ordnung verhielten sie sich aber im strengen rechtswissenschaftlichen Sinne des Begriffs *nicht* friedlich. Im Gegenteil: Gerade weil Hunderttausende gegen das Unrechts-Regime der SED protestierten – statt vor dem Unrecht die Augen und mit dem Regime ihren Frieden zu schließen –, hatten die demonstrierenden Menschenmassen ohne physische Gewalt die Wirkung jener „gewaltigen" Macht einer Massenbewegung, die unter glücklichen Umständen der Geschichte zur Selbstaufgabe des Systems ohne Blutvergießen geführt hat.

Unter eben diesen Umständen ist es sogar *sehr* unglücklich, von „friedlicher" (statt von unblutiger) Revolution zu sprechen, weil damit die Gefahren des Aufbegehrens gegen einen am 7. Oktober durchaus abwehrbereiten Staats- und Partei-, Sicherheits- und Militärapparat
verharmlost werden. In Ilko-Sascha Kowalczuks „Endspiel", einem materialreichen Buch über „Die Revolution von 1989 in der DDR" (Untertitel) finden sich dazu
klare Worte: „Wer auch immer die Rede von der ‚friedlichen Revolution' erfunden haben mag, er scheint erst
am Abend des 9. Oktober erstmals hingeschaut zu haben.
Es herrschte an diesem Montag eine unglaubliche Anspannung. Es gab nur ein Thema: kommt heute Abend in
Leipzig die ‚chinesische Lösung' oder kommt sie nicht?"
Kurt Masur, Hauptinitiator des Aufrufs „Keine Gewalt!"
hat es hautnah erlebt. In der Sache seriös und sprachlich
sensibel hat er die „Todesangst" der Menschen auf der
Straße bezeugt. Das Ergebnis dieser begriffskritischen
Überlegungen lautet daher: „Wende" verleugnet die Revolution, „friedliche Revolution" verschweigt den Mut
der Revolutionäre.

Nimmt man die „Freiheit" ernst, die entweder ausdrücklich gefordert wurde (wie auf dem Alexanderplatz in Berlin am 7. Oktober und 4. November) oder im
„Wir" des Volkes als Absage an ein System der Unfreiheit
enthalten war (wie in Leipzig an jedem Montag ab dem
9. Oktober), kann und sollte man von einer „Freiheitsrevolution" sprechen. In ihrem Buch „Über die Revolution" hat Hannah Arendt eindringlich und überzeugend
dargelegt, wie erhellend es ist, den Revolutionsbegriff
als solchen freiheitsphilosophisch zu begründen. Fest
verwurzelt in aristotelischer Tradition bezieht Arendts

Theorie der Revolution ihre philosophische Kraft aus der radikalen Unterscheidung zwischen legitimer und illegitimer Herrschaft. Da es nur *ein* Ziel der Politik gibt, nämlich – so wörtlich – „die Sache der Freiheit gegen das Unheil der Zwangsherrschaft jeglicher Art" zu verteidigen, gibt es auch nur *einen* Zweck legitimer Revolutionen: freiheitswidrige Herrschaft zu beseitigen, um eine freiheitliche Ordnung zu errichten.

In konsequenter Verfolgung dieses Grundgedankens sind zwei Stadien einer Freiheitsrevolution zu unterscheiden: erstens Befreiung von einem alten Regime der Unfreiheit und zweitens Gründung einer neuen, freiheitlichen Ordnung, also einer Republik oder eines Freistaates. Die bisher behandelten Ereignisse ab dem 7. Oktober und deren noch näher zu betrachtende verfassungsrechtliche Vollendung am 1. Dezember 1989 bilden das erste Stadium der DDR-Revolution, die Verhandlungen bis zur Wiedervereinigung durch den Beitritt der sogenannten neuen Bundesländer am 3. Oktober 1990 das zweite Stadium. Zur Herstellung des inneren Zusammenhangs zwischen beiden Stadien scheidet die Festlegung eines bestimmten Verfahrens für das zweite Stadium von vornherein aus. Denn der revolutionäre Befreiungsakt setzt die Menschen, die ihn bewirkt haben, frei, über die Art und Weise der Ordnung und Organisation ihrer Freiheit selbst zu entscheiden.

In diesem Zusammenhang ist der von Wolfgang Schäuble vertretenen Position zu widersprechen, die den Umbruch des Jahres 1989 mit dem Zusatz einer „unvollendeten" Revolution versieht. Wie schon bei der „friedlichen" Revolution geht es dabei nicht um politische, sondern um (rechts)wissenschaftliche Korrektheit. Was nach

dem 9. November in der DDR geschah, war weder durch
die Geschichte noch durch das Grundgesetz festgelegt;
es war dem Willen desjenigen Volkes zur freien Entscheidung überantwortet, dessen „Wir" in seinem einheitsstif-
tenden Freiheitsbewußtsein eine lautstarke Absage an die
alte Einheitspartei enthalten hatte. Am 1. Dezember hat
diese Absage wahrhaft revolutionäre Wirkung im rechtswissenschaftlichen Sinne ausgelöst: Ohne Gegenstimme
strich die Volkskammer – insoweit als einstimmige Re-
präsentantin des revoltierenden Volkes der DDR – in Artikel 1 Absatz 1 der Verfassung die im 3. Kapitel kommen-
tierte Wendung, daß die politische Organisation „unter
Führung der Arbeiterklasse und ihrer marxistisch-leninistischen Partei" stehe.

Was faktisch mit der aus völliger Verunsicherung zustande gekommenen Erklärung Schabowskis zur Reise-
freiheit begonnen hatte, fand an diesem Tage sein selbst-
sicheres verfassungsrechtliches Ende: der Führungsanspruch einer Klasse und der Herrschaftsanspruch einer
Partei. Dadurch wurde der Weg frei in eine „demokratische Republik" in der seriösen Bedeutung dieses Namens, und zwar „trotz Seilschaften, MfS-Verstrickungen
und vieler anderer Verwerfungen" allein deshalb, „weil
das SED-System beseitigt wurde" (Kowalczuk 2009).
Nach dem am 1. Dezember vollendeten Befreiungsakt
hatten die Bürger der DDR im zweiten Stadium ihrer Revolution buchstäblich die freie Wahl. Sie haben von dieser
Wahlfreiheit Gebrauch gemacht und am 18. März 1990
über eine bestimmte Zusammensetzung der Volkskammer entschieden, die dadurch in bester demokratischer
Weise legitimiert war, als Vertretungsorgan des Volkes
über die nächsten Schritte abzustimmen: angefangen mit

weiteren Änderungen der Verfassung über die Zustimmung zum Währungs- und Wahlvertrag bis zum Beschluß über die Beitrittserklärung nach Artikel 23 des Grundgesetzes (damaliger Fassung).

Für die Bejahung einer auch im zweiten Stadium erfolgreichen und damit insgesamt vollendeten Freiheitsrevolution kommt es darauf an, daß die Befreiung von Mauer, Stacheldraht und Schießbefehl, Bespitzelung, Zersetzung und politischer Haft nicht durch eine konterrevolutionäre „Wende" in ihr Gegenteil verkehrt, sondern durch das Grundgesetz auf Dauer gestellt wurde. Mit der grundgesetzlichen Verfassung stand eine Ordnung bereit, die man im Prinzip – nämlich im republikanischen Legitimationsprinzip politischer Freiheit – nicht hätte verbessern können. Der Beitritt der Länder Berlin, Brandenburg, Mecklenburg-Vorpommern, Sachsen, Sachsen-Anhalt und Thüringen zum Geltungsbereich des Grundgesetzes (Kapitel 8) war nicht nur das Werk westdeutscher Wiedervereinigungsingenieure, sondern entsprach auch dem Willen der Menschen in Mittel- und Ostdeutschland sowie der inneren Logik der revolutionären Bewegung: „Eile war geboten. Und noch immer lief der Motor der Revolution – das Volk, die Gesellschaft der DDR" (Neubert 2008).

Gestärkt durch ein bis dahin unbekanntes „Selbstgefühl der Freiheit" (Schuller 2009) hörte die Produktivkraft Mensch auf, „Instrument der Selbstzerstörung" zu sein und wurde zu einer „Kraft der Selbstbefreiung" (Zwahr 1993). Die erste umfassende sozialwissenschaftliche Analyse dieser Selbstbefreiung trägt den treffenden Titel „Die volkseigene Revolution" (Opp und Voß 1993). Die ironisierende Treffsicherheit des Titels liegt da-

rin, daß er dem Volk zurückgibt, was ihm in den „volks-
eigenen Betrieben" genommen worden war: seine politische oder republikanische Freiheit. Der Freiheitswille,
der sich im ersten Stadium der Revolution in der Parole
„Wir sind das Volk" und im zweiten Revolutionsstadium
im Ruf „Wir sind *ein* Volk" artikulierte, sollte daher als
bedeutsamer Beitrag der Deutschen in der DDR zur begrifflichen Bestimmung einer republikanischen Revolution und zur Fortentwicklung dieses Begriffs in der
Revolutionsgeschichte nach 1776 (Kapitel 6) und 1789
(Kapitel 7) verstanden werden. In Anlehnung an Hegels
Wort von der Weltgeschichte als „Fortschritt im Bewußtsein der Freiheit" lautet das Ergebnis dann: Das Ende der
DDR war, ist und bleibt ein Fortschritt im Begriff einer
Freiheitsrevolution. Deshalb sollte die Ambivalenz des
9. November uns nicht daran hindern, diesen „Tag des
Erinnerns" (Gröschner/Reinhard 2010) als Gedenktag
des Judenpogroms 1938 *und* Feiertag der Freiheitsrevolution 1989 zu verstehen. Die folgenden Kapitel feiern den
Revolutionserfolg, indem sie WIR als Chiffre eines groß-
artigen gemeinsamen Freiheitswillens mit Großbuchsta-
ben schreiben – und nicht nur mit großem Anfangsbuch-
staben.

Literatur zu Kapitel 4

Arendt, Hannah, Über die Revolution, 1965. Neuausgaben 1974
    und 2000.
Eppelmann, Rainer/Grünbaum, Robert, Sind wir die Fans von
    Egon Krenz?, in: Deutschland-Archiv 2004, S. 864–869.
Fiedler, Wilfried, Die deutsche Revolution von 1989, in: Hand-
    buch des Staatsrechts, Band VIII, 2. Aufl. 1995, S. 3–33.

Forner, Johannes, Kurt Masur. Zeiten und Klänge. Biographie, 2002.

Gröschner, Rolf, Evolution der Revolution oder: Das Ende der DDR als Fortschritt im Begriff einer Freiheitsrevolution, in: Juristenzeitung 2009, S. 1025–1032.

Ders./Reinhard, Wolfgang (Hrsg.), Tage der Revolution – Feste der Nation, 2010.

Hegel, Georg Wilhelm Friedrich, Vorlesungen über die Philosophie der Geschichte, Werke in 20 Bänden, Bd. 12, 2. Aufl. 1989.

Hertle, Hans-Hermann/Wolle, Stefan, Damals in der DDR. Der Alltag im Arbeiter- und Bauernstaat, 2004.

Hobbes, Thomas, Leviathan, herausgegeben und eingeleitet von *Iring Fetscher*, 8. Aufl. 1998.

Johnson, Chalmers, Revolutionstheorie, 1971.

Kowalczuk, Ilko-Sascha, Endspiel. Die Revolution von 1989 in der DDR, 2009.

Mascolo, Georg, Die Nacht, in der die Mauer fiel: „Wir fluten jetzt", SPIEGELONLINE vom 5. November 2004.

Mielke, Erich, Feinde der sozialistischen Ordnung, in: Neues Deutschland Nr. 32 vom 7. Februar 1985.

Neubert, Ehrhart, Unsere Revolution. Die Geschichte der Jahre 1989/90, 2008.

Opp, Karl-Dieter/Voß, Peter, Die volkseigene Revolution, 1993.

Report der unabhängigen Untersuchungskommission zu den Ereignissen vom 7./8. Oktober 1989 in Berlin, 1991: „Und diese verdammte Ohnmacht".

Schäuble, Wolfgang, Der Einigungsvertrag in seiner praktischen Bewährung, in: Deutschland-Archiv 25, 1992, S. 233–242.

Schuller, Wolfgang, Die deutsche Revolution 1989, 2009.

Timmer, Karsten, Vom Aufbruch zum Umbruch. Die Bürgerbewegung in der DDR 1989, 2000.

Weber, Hermann, Die DDR 1945–1990, 5. Aufl. 2012.

Zwahr, Hartmut, Ende einer Selbstzerstörung. Leipzig und die Revolution in der DDR, 2. Aufl. 1993.

5. Lassen Wir uns nicht beherrschen

*Alteuropäische Leitideen freistaatlicher Ordnung
(509 v. Chr. bis heute)*

Die bisher erzählten Geschichten – von der Abdankung des Kaisers bis zum Ende der DDR – haben ihre Grundlage im 20. Jahrhundert. Sie sind durch Filme, Fotos und Texte dokumentiert, die zwar der Interpretation bedürfen, der Imagination ihrer Interpreten aber doch sinnlich wahrnehmbare Grenzen setzen. Mit der Erzählung vom Sturz der Königsherrschaft als Ursprung der Römischen Republik verhält es sich anders: Jener „Ursprung", der in der hier gemeinten Bedeutung des Wortes sowohl die historische Ursache als auch den philosophischen Grund des Geschehens bezeichnet, kann nicht exakt rekonstruiert und nur ungefähr auf das Jahr 509 vor der christlichen Zeitenwende datiert werden; und in den überlieferten Texten der maßgeblichen antiken Autoren – der Griechen Dionysios und Polybios sowie der Römer Livius, Cicero und Plinius – finden sich keine dokumentarischen Datensammlungen, aus denen so etwas wie der reine Geist historischer Wahrheit destilliert werden könnte.

Abgesehen von der Frage, ob es eine solche Wahrheit überhaupt gibt, können beim Rückgriff auf den Ursprung der Römischen Republik Details der tatsächlichen Ereignisse im Dunkel der Vergangenheit belassen werden.

Denn bei diesem Rückgriff geht es im philosophischen Sinne des Wortes um das Prinzip: das *principium*, den Anfang oder „Anfangsgrund" (Kant) eines Argumentationszusammenhangs, in dem das Wort „res publica" systematische Bedeutung im Rahmen des Begriffs der Republik gewinnt. Insoweit ist die Quellenlage erstaunlich einheitlich: Die genannten antiken Autoren führen die Verbannung des letzten Etruskerkönigs Tarquinius – der sich später den Beinamen *Superbus*, der Hochmütige, gefallen lassen mußte – übereinstimmend auf die Entartung seiner Herrschaft zur Tyrannis zurück und betonen dabei ausdrücklich die Übergriffe seiner selbst und die Schandtaten seiner Söhne.

Die Verwendung von *tyrannis* für Tyrannei in den griechischen und *tyrannus* für den Tyrannen in den römischen Texten ist als Bezeichnung des philosophischen „Anfangsgrundes" für das Ende der bisherigen Herrschaft eindeutig: Beide Begriffe stellen auf die Art und Weise der Herrschaftsausübung ab, *nicht* auf die Einzahl des Herrschers, dessen Alleinherrschaft im originalen oder latinisierten Griechisch „monarchia" (wörtlich „Einherrschaft") genannt worden wäre. Dies zu übersehen, führt zur Verkennung des Ursprungs der Römischen Republik, zur Verkürzung des Republikbegriffs und zur Vereinfachung „Republik gleich Monarchieverbot" – zu jener Gleichung also, die im 1. Kapitel als eine Staatsformenlehre der *terribles simplificateurs* bezeichnet wurde. Schrecklich simplifizierend ist diese Lehre, weil sie nicht nur die Bedeutung der Republik im politischen Bewußtsein der Römer ignoriert, sondern auch den philosophischen Gehalt der aristotelischen Staatsformenlehre, ohne die Ciceros Begriff der *res publica* nicht zu verstehen ist.

Doch eins nach dem andern. Zunächst erlaubt der bisherige Befund eine ebenso klare rechtshistorische wie staatsphilosophische Diagnose. In Jochen Bleickens Standardlehrbuch zur Verfassung der Römischen Republik – einem zuverlässigen Wegweiser durch die sozialen und politischen Verhältnisse Roms in den 465 Jahren zwischen der Verbannung der Tarquinier und der Ermordung Caesars 44 v. Chr. – lautet diese Diagnose: Mit der Entlehnung des griechischen Wortes für den Tyrannen haben die Römer „das eigentliche Schreckbild" ihrer Herrschaftsvorstellung zum Ausdruck gebracht, das, so wörtlich, „im Bilde des tyrannischen Königs Tarquinius Superbus symbolisiert war". Mit „Schreckbild", „Bild" und „symbolisiert" betont der Historiker dreifach, daß er nicht auf ein individuelles historisches Ereignis abstellt, sondern auf den generellen Symbolgehalt der Superbusfigur. In der ältesten Aufzeichnung der Verbannungsgeschichte, bei Polybios, steht die Figur erkennbar unter griechischem Einfluß, was die Entstehung des Lehnwortes *tyrannus* sehr gut erklärt (und eine Erklärung dafür liefert, warum Pettit 2015 seine Konzeption „republikanischer Freiheit" als „non-domination" oder „Nichtbeherrschung" primär auf die von Polybios geschilderte Geschichte Roms gestützt hat; Aristoteles kommt dabei irritierenderweise nicht zu Wort).

Die Bezeichnung als „Schreckbild" ist das richtige Deutungsmuster auch für die Schauerlegenden, die sich um den Mißbrauch der Macht und die Mordtaten des hochmütigen Tyrannen ranken. Offenbar war es ein weit verbreitetes und tief empfundenes Bedürfnis, das Gegenbild der neugegründeten republikanischen Ordnung so abschreckend wie möglich vor Augen zu führen. Die Rö-

mer haben sich, ganz nach griechischem Vorbild, „eine
eigene, monumentale mythisch-historische Vergangenheit errichtet, an der sie ihr politisches Selbstbewußtsein
orientierten" (Hölscher 1998). Zum festen Bestand der
römischen Vergangenheitserzählungen gehörte auch die
von Dionysios erzählte und von Marie Theres Fögen in
ihren „Römischen Rechtsgeschichten" fabelhaft nacher-
zählte Geschichte der schönen und tugendhaften Lucretia: Von einem Sohn des Tyrannenkönigs in schändlichs-
ter Weise vergewaltigt, richtet sie zur Aufrechterhaltung
ihrer Tugendhaftigkeit in aller Öffentlichkeit den Dolch
gegen sich selbst. Ob ihr Leichnam tatsächlich öffentlich aufgebahrt wurde, um allgemeinen Tumult zu er-
regen und inwieweit ihre Schändung, Selbsttötung und
Aufbahrung in dichterischer Freiheit geschildert und gestaltet wurden, spielt für Fundierung und Festigung des
Gründungsmythos der Römischen Republik keine Rolle.

Auch und gerade als Legende hat die Geschichte
der Lucretia das republikanische Selbstverständnis der
Gründergeneration und ihrer Nachkommen stärker geprägt und den „Bedarf an Gründungsgeschichten" (Fögen 2003) besser befriedigt als jede andere Überlieferung.
Im kollektiven Gedächtnis der Römer war sie als mas-
siver antitarquinischer Affekt gespeichert – in ihrem af-
fektiven sozialpsychologischen Kern gerichtet gegen die
Vergewaltigung einer tugendhaften Republik durch einen vor nichts zurückschreckenden Herrscher samt seiner Familie. In Verfolgung dieses Affekts wurde Tarquinius Superbus in der römischen Literatur zum Typus des
Tyrannen schlechthin. Alles Königliche war als tyran-
nisch verpönt: Selbst der Götterkönig Iuppiter durfte
nicht mehr als *rex* tituliert werden und das Streben nach

Königsherrschaft (*regnum appetere*) wurde zu einem mit dem Tode bedrohten Straftatbestand. In den Prozessen gegen Cassius, Maelius und Manlius wurde von diesem schärfsten Schwert einer wehrhaften Republik auch Gebrauch gemacht (Mommsen 1899).

Der spezifisch republikanische Charakter dieses Selbstverteidigungsrechts, das auf die dauerhafte Erhaltung einer nicht-tyrannischen Ordnung gerichtet war, wird deutlich, wenn man jenes Fest betrachtet, von dem im folgenden Text die Rede ist. Wie die Etruskologin Luciana Eigner-Foresti schreibt, „wurde jährlich am 24. Februar das Fest des regifugium […] gefeiert, das an die Flucht oder an die Vertreibung des Königs Tarquinius Superbus aus Rom erinnern sollte". Die anerkannte Altertumswissenschaftlerin folgt dabei Ovid, dessen Festkalender den Tag der „Königsflucht" (wie *regifugium* wörtlich zu übersetzen ist) ausdrücklich in diesem Sinne interpretiert. Trotz der „Historisierung des Regifugium in augusteischer Zeit" (Rüpke 2010) gibt es angesichts weiterer berühmter Gründungsmythen keinen Grund, die symbolische Bedeutung des Ovidschen „Fluchtfestes" zu bezweifeln.

So kann man der anschaulichen Beschreibung in der „Naturkunde" des Plinius folgen und sich auf einem imaginierten Weg vom Comitium als traditioneller Versammlungsstätte des Volkes hinaufführen lassen zum Kapitol, dem kultischen Zentrum Roms und Ziel der Triumphzüge. Am Ende dieses Weges begegnet man in der Vorhalle des Iuppiter-Tempels den Standbildern der römischen Könige – mit Ausnahme des letzten Tarquiniers, dessen ersichtliches Fehlen jedoch eindeutigen Erinnerungswert hatte. Ein interessierter Betrachter wird auch den Symbolgehalt im Standbild des ersten Konsuls Lucius Iunius Brutus erkennen, dessen gezücktes Schwert die Beseitigung der Tyrannis und die Begründung der Republik versinnbildlichte. Kein Zweifel: In diesem Denkmal des Gründungshelden war die Vertreibung des Tyrannen ebenso präsent wie im Eid, die Rückkehr der Königsherrschaft zu verhindern, den Brutus das Volk nach der Gründungsgeschichte des Livius schwören ließ.

Auch wenn nicht jedes Detail dieser mehr oder weniger dichterischen Vergangenheitsschilderung der vollen historischen Wahrheit entsprechen sollte, ist die soziale Wirksamkeit der narrativ, symbolisch und rituell vermittelten Gründungslegenden doch ganz unbestreitbar. Manfred Fuhrmann schreibt ihnen in seiner Cicero-Biographie ausdrücklich die „verpflichtende Kraft von Normen" zu und Theodor Mommsen spricht in seinem „Römischen Strafrecht" das pflichtgemäße Recht römischer Bürger deutlich aus, einen nach Königsherrschaft strebenden Usurpator „ohne vorheriges Rechtsverfahren niederzumachen". Auf dieser römischrechtlichen Grundlage kann Caesars Tod – in Übereinstimmung mit dem Zeitzeugen Cicero – nur als legaler Tyrannenmord qualifiziert werden. So zeigt sich das Ende der Römischen Republik im Spiegel ihres Anfangs: antityrannisch.

Warum der Gegensatz zwischen Republik und *Tyrannis* kategorial anders konstruiert ist als derjenige zwischen Republik und *Monarchie*, erklärt sich am besten anhand der Staatsformenlehre, die Aristoteles im Grundwerk seiner politischen Philosophie entwickelt hat. Der Titel „Politika" bezeichnet wörtlich die „politischen Angelegenheiten" im Plural, wird aber meist mit „Politik" im Singular übersetzt – einem Wort, das heute kaum mehr mit Philosophie in Verbindung gebracht wird. Auch die übliche Übersetzung von „polis" mit „Staat" und die Rede von verschiedenen „Staatsformen" ist nicht unproblematisch, weil der Begriff des Staates auf ein neuzeitliches Phänomen verweist, das der Antike fremd war. Die *polis* des Aristoteles ist eine Gemeinschaft, auf die der Mensch als von Natur (*physei*) politisches Wesen (*politikon zoon*) angewiesen ist, weil er ohne sie seine Vernunftbegabung (seinen *logos*) nicht entwickeln und ein gelingendes Leben (in glückender *eudaimonia*) nicht führen könnte (Politika I 2).

Wegen dieser Ausrichtung auf das Gelingen eines vernünftigen Lebens in der Gemeinschaft ist deren Zweck das Gemeinwohl. In einer bis heute begriffsprägenden Differenzierung unterscheidet Aristoteles gemeinwohldienliche oder gerechte und gemeinwohlschädliche oder entartete Formen der *polis*. Erstere charakterisiert er als „politisch", letztere dagegen als „despotisch". Despotische Herrschaft (*despotike arche*) verdankt ihren philosophischen Namen einem „Herrn" (*despotes*), der zur Ausübung seiner „Herr-schaft" begrifflich zwingend auf Knechte oder Sklaven angewiesen ist. Die *politike arche* sollte deshalb nicht politische „Herrschaft" genannt, sondern mit „Regierung" übersetzt werden. Das Gegensatzpaar bilden dann die gerechte „politische Regierung" auf der einen und die entartete „despotische Herrschaft" auf der anderen Seite (Gröschner u.a. 2000). „Lassen Wir uns nicht beherrschen" – die Überschrift des vorliegenden Kapitels – artikuliert dann den ewig jungen aristotelischen Appell an den Freiheitswillen mündiger Bürger.

Weil die philosophische Leitidee der *polis* eine „Gemeinschaft freier Menschen" ist (Politika III 6), defi-

niert Aristoteles *politike arche* als eine Regierung unter
„Freien und Gleichen" (I 7). Hier sollte man nur vor der
anachronistischen Assoziation auf der Hut sein, an Freiheit und Gleichheit im heutigen Sinne zu denken. Gleiche
Freiheit als individuelle Freiheit von Subjekten der Menschenwürde ist eine Erfindung der Neuzeit (die in Kapitel 9 Thema sein wird). Die aristotelische Freiheit bezieht
sich nicht auf persönliche oder private, sondern auf politische oder öffentliche Freiheit, auf die Freiheit im öffentlichen Raum der Politik: das abwechselnde Regieren
und Regiertwerden derer, die im Wechselverhältnis zwischen *polis* und *politai* (Bürgern) Verantwortung für das
allgemeine Wohl tragen (III 17. Der typisch aristotelische
Verweisungszusammenhang zwischen dem Ganzen und
seinen Teilen wird bei der Diskussion des Rousseauschen
Republikbegriffs in Kapitel 7 wieder aufgegriffen).

Selbstverständlich ist nicht zu bestreiten, daß an dieser Verantwortung für das Gelingen des Ganzen im alten Athen nur die wohlhabenderen Männer der Mittel-
und Oberschicht beteiligt waren, nicht dagegen Frauen,
Fremde und Sklaven. Das ändert aber nichts an der blei-
benden Bedeutung der begrifflichen Differenzierung
zwischen despotischer Herrschaft und politischer Regierung, um die es hier geht. Aus dieser Grundunterscheidung entwickelt Aristoteles durch die Kombination mit
der Anzahl der Beteiligten (einer, einige, viele) drei For-
menpaare gerechten Regierens und entarteter Herrschaft
(Politika III 7 ff.): Die am Gemeinwohl orientierte Regierung eines Einzelnen nennt er *basileia* (Königtum), die
despotische Form der Alleinherrschaft dagegen *tyrannis*.
Im aristotelischen Original ist die Monarchie also ein
neutraler Oberbergriff, der keinerlei „Monarchieverbot"

enthält. Wenn einige gemeinwohlorientiert regieren, bilden sie nach Aristoteles eine Aristokratie, im gegenteiligen Falle eine Oligarchie. Für die politische Regierungsweise vieler verwendet er den Ausdruck *politeia*, für die despotische Herrschaft der Menge das Wort *demokratia*.

Letzteres erscheint heute politisch nicht korrekt, ist philosophisch aber konsequent, weil die Demokratie des Aristoteles einseitig am Interesse des einfachen und armen Volkes (*demos*) orientiert war. Für die hier zu vertiefende Kritik an der Reduzierung der Republik auf ein simples Monarchieverbot kommt es darauf an, die Entlehnung des Wortes *tyrannis* mit dem philosophischen Gehalt des aristotelischen Begriffs „despotischer Herrschaft" anzureichern. Denn eben diese Anreicherung findet sich bei Cicero, einem ausgewiesenen Kenner der Philosophie des Aristoteles, und zwar in der berühmten Formel „res publica res populi", des republikanischen Gemeinwesens als einer öffentlichen Angelegenheit und Sache des Volkes (De re publica 1, 39). „Populus" steht in dieser Formel nämlich nicht etwa für ein demokratisch agierendes Volk als Träger der Staatsgewalt, sondern für die in den Komitien versammelten (wie in Athen ausschließlich männlichen) Bürger als Forum, vor dem sich die Gemeinwohlverträglichkeit der Senatspolitik zu erweisen hatte, und zwar öffentlich (*publicus*, ursprünglich „poblicus", Wortwurzel von *populus*).

Ciceros Formel bezieht sich nicht auf demokratisches Regieren *durch* das Volk, das in Rom zu keiner Zeit der Souverän im Sinne des heutigen Demokratiebegriffs gewesen ist, sondern auf republikanisches Regieren *für* das Volk (Isensee 1981). In dieser Beziehung folgt die Formel erkennbar dem aristotelischen Vorbild einer „politischen Regierungsweise". Philologisch und philosophisch höchst bedeutsam ist nun, daß Cicero und ihm folgend die gesamte alteuropäische Tradition aristotelischen Philosophierens „politisch" mit „republikanisch" übersetzt hat. Dadurch wurde die griechische *politeia* der Freien und Gleichen mit demselben philosophischen Gehalt wie in der vorbildlichen Bestimmung des Aristoteles in den Begriff der *res publica* übernommen. Seit 1919 heißt diese Ordnung in Deutschland nicht nur „Republik", sondern synonym „Freistaat" (Kapitel 1).

Was die Römer unter öffentlicher, politischer oder republikanischer Freiheit verstanden, erschließt sich aus den „Antibegriffen" der „res publica (libera)": *regnum*, *tyrannis* und *dominatio* (die erwähnte „non-domination" in der republikanischen Freiheitskonzeption bei Pettit 2015 zieht daraus lesenswerte Konsequenzen für unsere heutige „komplexe Welt"). Jochen Bleicken schreibt dazu: „Entsprechend galten alle Rechtsprinzipien, welche die Gleichheit sicherten und der Herrschaft des einzelnen entgegenstanden, als Freiheit, so in erster Linie die Annuität und die Kollegialität des Amtes". Die Befristung der öffentlichen Ämter auf ein Jahr dürfte die kleinste Einheit eines als naturgemäß empfundenen Zyklus gewesen sein, in dem effiziente Amtsausübung ebenso denkbar war wie wirksamer Ausschluß von Willkür- und Gewaltherrschaft. Durch die Verbindung der Annuität mit der Kollegialität des Amtes, die Mitte des 4. Jahrhunderts gesetzlich geregelt wurde, war die Römische Republik zwar nicht durch Gewaltenteilung, wohl aber durch Ämterteilung geprägt. Die wichtigste Befugnis, mit der die Kontrollfunktion solcher Ämterteilung wirksam ausgeübt werden konnte, war das Recht der Interzession gegen eine Entscheidung des Kollegen als Mittel gegen ein „Überborden der sonst so unbeschränkten Beamtengewalt" (Meyer 1964).

Mit ihrer Magistratsverfassung haben die Römer ein institutionalisiertes Ämterwesen geschaffen, das den beamtenrechtlichen Kern ihres Republikanismus bildet. Dieses Beamtenrecht der Magistratur versteht man in seinem philosophischen Prinzip – um das es hier nach wie vor geht – am besten mit der klassischen Unterscheidung zwischen öffentlichem und privatem Recht, *ius publicum* und *ius privatum*. Nach der in Juristenkreisen wohlbekannten Definition Ulpians zielt ersteres auf den *status* der Republik, letzteres dagegen auf den Nutzen Einzelner (Digesten 1,1,2). „Status" bezeichnet in dieser Definition nichts anderes als den guten Zustand oder die „gute innere und äußere Verfassung" des Gemeinwesens – so die treffende Formulierung Wolfgang Magers in seiner umfassenden Bearbeitung der Republik in den „Geschichtlichen Grundbegriffen".

Ciceros wohl nicht nur unter Juristen bekannter Imperativ dafür lautet „salus populi suprema lex esto": das öffentliche Wohl sei oberstes Gesetz. Nach dieser imperativischen Form der ciceronischen Republikdefinition war das Amt des Magistrats „Öffentlicher Dienst" im vollsten republikanischen Sinne des Wortes: ehrenamtlicher Einsatz für das Wohl des Gemeinwesens. Der für ein Jahr verpflichtete Amtswalter, der seine Gemeinwohlpflicht erfüllte, brachte es zu Anerkennung und Aufstieg im Amtsadel und als *senex* zum Senator, zur lebenslänglichen Mitgliedschaft im Senat als Versammlung der Alten. Das Charakteristikum der Pflichterfüllung war so bestimmend, daß neben *magistratus* das Wort *honos* (Ehre) zur gebräuchlichen Bezeichnung für das Amt wurde, weil die Erfüllung von Amtspflichten die größte Ehre bedeutete.

Aber zurück zu der Freiheitsvorstellung, die mit dem Öffentlichen Dienst an der *res publica* verbunden war und durch den Zusatz *libera* noch verstärkt wurde. Bedeutete *res publica* aufgrund der legendären Verbannung des Tarquinius Superbus die generelle Verneinung tyrannischer Herrschaft, so bestand die Bedeutung der „res publica libera" in der speziellen Ablehnung mißbräuchlicher Ausnutzung der Amtsgewalt zu privaten Zwecken, persönlicher Bereicherung oder sonstigem individuellen Nutzen. Grundrechte als subjektive Abwehrrechte gegen willkürliche Eingriffe des Staates in die Privatsphäre seiner Bürger sind eine Errungenschaft der Neuzeit. Freiheit wurde in Rom nicht subjektivrechtlich gewährleistet, sondern durch die objektive Ordnung des Ämterwesens und die republikanischen Tugenden der Amtswalter (Henke 1987): *pietas* (innere Bescheidenheit), *virtus* (äußere Tüchtigkeit) und *iustitia* (Gerechtigkeit des Handelns). „Pietas" forderte nicht etwa „Pietät" nach dem Frömmigkeitsverständnis heutiger Religionsausübung, sondern verlangte Vertrauen auf göttliches Wohlwollen für tüchtige und gerechte Amtswalter. Im Staatsgötterkult der Auspizien (*auspicia*: „Vogelschau") hat solches Vertrauen auf die Gunst der Götter seinen sichtbarsten Ausdruck gefunden (Wissowa 1912).

So fern und fremd uns der Flug der Vögel als göttliches Zeichen für politische Entscheidungen erscheint, so nah verwandt ist unsere Philosophie einer freistaatlichen Verfassung mit Aristoteles' *politeia* und Ciceros *res publica*. Hans Buchheim, gelernter Altphilologe und gewissenhafter Interpret der griechisch-römischen Quellentexte, hat diese Verwandtschaft so formuliert: „Wie die antike Res Publica Romana, so ist auch der republikanische Staat der Neuzeit gekennzeichnet durch das Regieren unter Freien und Gleichen". Er sei aber nicht „persönlich geprägt", sondern „rechtsgeprägt" und müsse es sein, „weil ihm eine neue, ganz andere Auffassung von Freiheit als die der antiken Welt vorgegeben ist": „Die Römer verstanden, wie auch die Griechen, unter Freiheit die Teilnahme sich mit Selbstverständlichkeit als Freie und Gleiche fühlender Bürger am öffentlichen Leben. So war Kerntatbestand der freiheitliche Zustand des Gemeinwesens" (Buchheim 2005). Der unbändige Wille, diesen Zustand herbeizuführen, prägt seit der Gründung der Römischen Republik den Charakter republikanischer Revolutionen, das gemeinsame Wollen, ihn zu erhalten, die Struktur freiheitlicher Ordnungen. Seit 1989 haben wir Deutschen ein großes Wort für den politischen Träger dieses republikanischen Freiheitswillens: das Kollektivsubjekt WIR.

Literatur zu Kapitel 5

Aigner-Foresti, *Luciana*, Die Etrusker und das frühe Rom, 2003.

Aristoteles, Politik I bis III, übersetzt und erläutert von *Eckart Schütrumpf*, 1991.

Bleicken, *Jochen*, Die Verfassung der Römischen Republik, 8. Aufl. 2008.

Buchheim, *Hans*, Antike Römische Republik und neuzeitlicher Republikanischer Staat, in: Politische Vierteljahresschrift 2005, S.313–323.

Cicero, Marcus Tullius, De re publica. Vom Gemeinwesen. Lateinisch-deutsch, hrsg. von *Karl Büchner*, 1979.

Ders., De legibus. Über die Gesetze. Lateinisch-deutsch, hrsg. von *Rainer Nickel*, 1994.

Dionysius of Halicarnassus, The Roman Antiquities, Neudruck der Ausgabe von 1937, 7 Bände, 1971–1993.

Fögen, Marie Theres, Römische Rechtsgeschichten, 2. Aufl. 2003.

Fuhrmann, Manfred, Cicero und die römische Republik. Eine Biographie, 4. Aufl. 2000.

Gröschner, Rolf, Römischer Republikanismus, in: *Kühl, Kristian/Seher, Gerhard* (Hrsg.), Rom-Recht-Religion, 2011, S. 15–35.

Ders., Republik, in: Evangelisches Staatslexikon, Neuausgabe 2006, Sp. 2041–2045.

Ders./Dierksmeier, Claus/Henkel, Michael/Wiehart, Alexander, Rechts- und Staatsphilosophie, 2000.

Henke, Wilhelm, Die Republik, in: Handbuch des Staatsrechts, Band 1, 2. Aufl. 1987, S. 863–886.

Hölscher, Tonio, Die Alten vor Augen, in: *Melville, Gert* (Hrsg.), Institutionalität und Symbolisierung, 1998, S. 183–211.

Isensee, Josef, Republik – Sinnpotential eines Begriffs, in: Juristenzeitung 1981, S. 1–8.

Livius, Titus, Ab urbe condita, Auswahl aus dem Gesamtwerk, hrsg. von *Hermann Hugenroth*, 12. Aufl. 1995.

Mager, Wolfgang, Republik, in: Geschichtliche Grundbegriffe, Band 5, 1984, Sp. 549–652.

Meyer, Ernst, Römischer Staat und Staatsgedanke, 3. Aufl. 1964.

Mommsen, Theodor, Römisches Strafrecht, Nachdruck der Ausgabe 1899, 1955.

Pettit, Philip, Gerechte Freiheit, 2015.

Plinius, Secundus, Gaius, Naturkunde. Lateinisch-deutsch, hrsg. von *Roderich König*, Buch 33: Metallurgie, 1984.

Polybios, The Histories, Band 6, Reprint 2000.

Rüpke, Jörg, „Königsflucht" und Tyrannenvertreibung. Zur Historisierung des Regifugium in augusteischer Zeit, in: *Gröschner, Rolf/Reinhard, Wolfgang* (Hrsg.), Tage der Revolution – Feste der Nation, 2010, S. 29–41.

Wissowa, Georg, Religion und Kultus der Römer, 2. Aufl. 1912.

6. Wir streben nach Glück

Unabhängigkeitserklärung 1776
und „American way of life"

Am 4. Juli 1776 wurde die Unabhängigkeitserklärung
(„Declaration of Independence") der „United States of
America" (USA) von den Vertretern der 13 Gründer-
staaten in der „Independence Hall" von Philadelphia
verabschiedet und verfassungsrechtlich in Kraft gesetzt.
Wegen der historischen – und für Amerikaner weltge-
schichtlichen – Bedeutung der Erklärung ist der Tag als
Independence Day amerikanischer Nationalfeiertag. Jedes Kind kennt das Datum und nennt den 4. Juli in ka-
lendarischer Abkürzung dessen, was man in Amerika mit
politischer Unabhängigkeit, staatlicher Souveränität und
nationaler Identität verbindet, schlicht *Fourth of July.*
„Kids in America" (Kim Wilde) können die Eingangspassage der Erklärung auswendig und haben keine Scheu,
sich öffentlich zu ihr zu bekennen: „We hold these truths
to be self-evident, that all men are created equal, that they
are endowed by their Creator with certain unalienable
Rights, that among these are Life, Liberty and the pursuit of Happiness."
   Wie dieses Bekenntnis zu übersetzen ist und warum
es „Unsterblichkeit" erlangte (Heun 2010), wird eingehend zu erörtern sein. Zunächst geht es um die identi-

tätsstiftende Wirkung des Textes, den sein Autor, Thomas Jefferson, zum „Ausdruck amerikanischer Geisteshaltung" erklärt hat (Schambeck 1997). Dazu seien zwei persönliche Eindrücke geschildert, die zeigen, wie unverkrampft Amerikaner ihre gemeinsame Geisteshaltung nationaler Identität bekunden – anders als wir Deutschen mit unserer allerdings auch anderen Geschichte. Der erste Eindruck stammt aus dem Freizeitpark der Walt-Disney-World in Orlando, einer typisch amerikanischen Institution für Familien, die ihre Nachahmung als lukrative Geschäftsidee auch im alten Europa gefunden hat. Menschen ohne Kinder brauchen solche Institutionen nicht zu besuchen und auch für Familien mag es Gründe geben, fernzubleiben. Das kann hier aber auf sich beruhen.

Beim Besuch der „Hall of Presidents" im Magic Kingdom Park in Orlando kann man miterleben, welches Gemeinschaftsgefühl das von Kindern und Erwachsenen mit feierlichem Ernst zelebrierte amerikanische Bekenntnis gerade auch zwischen den Generationen erzeugt – als Auftakt einer Show in der nachgebauten Independence Hall, in der alle bisherigen Präsidenten der USA als „audio-animatronisch" in Szene gesetzte Figuren präsentiert werden, die bei ihrer individuellen Vorstellung nicken, winken, aufstehen oder sogar reden wie George Washington, Abraham Lincoln und Barack Obama. Das generationenübergreifende Nationalgefühl wird hier spürbar parteiübergreifend. Und den Kids, die keine Bücher mehr lesen, wird eine gewisse Grundbildung in Geschichte geboten – was auch Reaktionen der Langeweile provoziert.

Einen historischen Hauch des Ursprungs amerikanischer Verfassungsgeschichte verspürt man – so der zweite persönliche Eindruck – beim Besuch der von der UNESCO zum Weltkulturerbe erklärten Gebäude am Independence Square in Philadelphia. Beginnt man wie empfohlen mit einem Film im nahegelegenen Visitor Center, der die Debatten der Delegierten im Versammlungssaal der Independence Hall – mit überzeugenden Schauspielern gedreht am Originalschauplatz – eindrucksvoll dokumentiert, kann man das Ringen um den Wortlaut der Erklärung bei der anschließenden Besichtigung des (erstaunlich kleinräumigen) Saales gut nachklingen lassen: Die versammelten 56 Vertreter aus Connecticut, Delaware, Georgia, Maryland, Massachusetts, New Hampshire, New Jersey, New York, North Carolina, Pennsylvania, Rhode Island, South Carolina und Virginia standen vor der Aufgabe, aller Welt zu erklären, warum der Bruch der durch sie vertretenen Kolonien mit dem Mutterland Großbritannien unausweichlich und die Gründung einer unabhängigen Staatengemeinschaft unabdingbar war. Am 2. Juli 1776 fiel die Entscheidung für die Unabhängigkeit, am 4. Juli wurde deren Erklärung beschlossen (zur Krise der Kolonialherrschaft als Bedingung der Revolution: Dippel 2001).

Sowohl der Originaltext als auch die Übersetzung, die bereits am Tag nach der Erklärung im deutschsprachigen „Pennsylvanischen Staatsboten" erschien, sind heute im Internet leicht zugänglich. Die zeitgenössische Übersetzung der Eingangspassage „We hold these truths to be self-evident" vermittelt leider nichts von der kunstvollen und – wie zu zeigen sein wird – geradezu genialen Konstruktion „self-evident", sondern formuliert folgendermaßen: „Wir halten diese Wahrheiten für ausgemacht, daß alle Menschen gleich erschaffen worden, daß sie von ihrem Schöpfer mit gewissen unveräußerlichen Rechten begabt worden, worunter sind Leben, Freyheit und das Bestreben nach Glückseligkeit." So etabliert das auch von Kant verwendete Wort „Glückseligkeit" in der Philosophie sein mag, so altbacken würde es im heutigen Sprachgebrauch wirken. In der Überschrift des vorliegenden Kapitels wird „Happiness" daher schlicht mit „Glück" wiedergegeben. Welcher Begriff damit verbunden und inwieweit er mit dem „American way of life" identifizierbar ist, sollte allerdings nicht vorschnell für oder gegen amerikanischen Individualismus entschieden und schon gar nicht mit antiamerikanischen Vorurteilen gegen ungezügelten Liberalismus belastet werden.

Selbst wenn die zitierte Passage individualistisch und liberalistisch interpretiert werden könnte – was vorerst offen bleiben mag –, lassen sich erhebliche Teile der Unabhängigkeitserklärung als Ausdruck republikanischen Geistes nur im hellen Lichte der bisher behandelten Freiheitsrevolutionen deuten. Zwei Drittel der Erklärung bestehen nämlich aus der akribischen Aufzählung von Fakten, die „alle die Errichtung einer absoluten Tyrannei" über die Kolonialstaaten „zum geraden Endzweck haben". Auf dieser antityrannischen und damit im Sinne des fünften Kapitels genuin republikanischen Grundlage wird der durch König Georg III. von Großbritannien gebrochene Herrschaftsvertrag ohne Wenn und Aber aufgekündigt. Im Schlußabsatz heißt es, die vereinigten Kolonien seien dadurch „Freye und Unabhängige Staaten" und „von aller Pflicht und Treuergebenheit gegen die Britische Krone frey- und losgesprochen".

Vom „Recht des Volkes" („Right of the People"), sich von einer Regierung loszusagen, die den in der Eingangspassage bekundeten „Wahrheiten" nicht gerecht wird, ist schon im dritten Satz der Erklärung die Rede. Seine ideengeschichtliche Grundlage ist das republiktheoretisch und freiheitsphilosophisch prominente Widerstandsrecht, das John Locke in seiner Zweiten Abhandlung über die Regierung aus dem Jahre 1690 begründet hat. Es entsteht, wenn Monarchen oder Gesetzgeber das in sie gesetzte Vertrauen des Volkes mißbrauchen; wörtlich übersetzt heißt es weiter: „Die Macht fällt an das Volk zurück, das dann ein Recht hat, seine ursprüngliche Freiheit wieder aufzunehmen und aus dieser Freiheit heraus Legislative und Exekutive neu zu bestimmen" (§ 222). Die betreffende Passage der Unabhängigkeitserklärung lautet in wörtlicher Übersetzung, im Falle einer „destruktiven" Regierungsform sei es „das Recht des Volkes", sie „zu ändern oder abzuschaffen und eine neue Regierung einzusetzen" (3. Satz).

Jene „ursprüngliche Freiheit" eines unterdrückten Volkes (Locke) und dieses gegen alle Unterdrückung gerichtete „Recht des Volkes" (Jefferson) kann nach den bisher behandelten Befreiungsakten in Rom 509 v. Chr. und in der DDR 1989 sowie nach der aristotelischen Basisunterscheidung zwischen despotischer Herrschaft und politischer Regierung nicht als ein durch die Verfassung gewährleistetes Recht rekonstruiert werden. Vielmehr handelt es sich um ein vor der Verfassung liegendes Gut, das auf die ethische Grundbedingung einer republikanischen oder freistaatlichen Ordnung rekurriert. Träger solch ursprünglicher Freiheit ist nicht „das Volk" im verfassungsrechtlichen Sinne des Demokratieprinzips (die Summe aller Staatsangehörigen), sondern das „ursprüngliche" Volk im politischen Sinne: eine im gemein-

samen Willen zu staatlicher Einheit verbundene Menge
von Menschen, die in einem historischen Moment ihrer
Geschichte, repräsentiert durch eine Versammlung legitimer Vertreter, über die verfassunggebende Gewalt eines
„pouvoir constituant" verfügt. Die historische und philosophische Bedeutung dieses in der Verfassungstheorie
weltweit französisch zitierten Begriffs wird sich bei der
Behandlung der Französischen Revolution im nächsten
Kapitel erschließen.

Die Aufzählung von destruktiven Akten des briti-
schen Königs reicht von der verweigerten Zustimmung
zu Gesetzen und der Behinderung der Kolonialparla-
mente über die ungesetzliche Einquartierung von Trup-
pen bis zum massiven Vorwurf, ausländische Söldner ins
Land gebracht zu haben, „um die Werke des Todes, der
Zerstörung und Tyrannei zu vollführen, die bereits mit
solchen Umständen von Grausamkeit und Treulosigkeit
angefangen worden, welche selbst in den barbarischen
Zeiten ihres Gleichen nicht finden, und dem Haupt einer
gesitteten Nation gänzlich unanständig sind". Schließlich habe die Regierung sogar danach gestrebt, „über unsere Grenz-Einwohner die unbarmherzigen wilden In-
dianer zu bringen, deren bekannter Gebrauch den Krieg
zu führen ist, ohne Unterschied von Alter, Geschlecht
und Stand, alles niederzumetzeln". Die Unabhängigkeit
der Kolonialstaaten wurde nicht als Ergebnis eines Verfahrens mit geregelter Beweiswürdigung erklärt, sondern
brach sich Bahn, weil die Unterdrückung offenkundig
und die Unfreiheit unerträglich geworden war. Insofern
markiert die Unabhängigkeitserklärung einen revolutionären Umsturz – auch wenn er erst nach 1789 als „Revolution" bezeichnet wurde.

Einzelheiten der revolutionären Ereignisse (komprimiert bei Frotscher/Pieroth 2014) brauchen hier nicht nacherzählt zu werden. Als Stichwörter mögen genügen: Stempelsteuerkongreß in New York 1765 („No taxation without representation!"), Boston Tea Party 1773 (Versenkung von Teeladungen englischer Frachter im Bostoner Hafen) und erster Kontinentalkongreß in Philadelphia 1774. Im April 1775 kam es in den Schlachten von Lexington und Concord zum offenen Krieg. Die Ausarbeitung der Unabhängigkeitserklärung erfolgte auf dem zweiten Kontinentalkongreß (der von 1775 bis 1781 tagte) im Jahre 1776 durch ein Komitee, dem neben Thomas Jefferson John Adams, Benjamin Franklin, Robert Livingston und Roger Sherman angehörten. Ihnen allen war die Ideengeschichte des alten Europa gegenwärtig, wenn nicht sogar geistige Heimat. In der Bibliothek des heutigen amerikanischen Kongresses in Washington kann man sich durch eigenen Augenschein überzeugen, welche Werke alteuropäischer Klassiker Jefferson als langjähriger Präsident der „American Philosophical Society" besaß und benutzte (ohne selbst ein philosophisches Werk zu verfassen). Unter dem Eindruck seiner fast 7.000 Bände umfassenden Privatbibliothek und der etwa 18.000 Briefe, die seine „politische Vorstellungswelt" als eine Mischung aus klassischem Republikanismus und modernem Menschenrechtsdenken erschließen (Heun 1994), verbietet sich jede Interpretation der Unabhängigkeitserklärung, die ihren Autor als gleichermaßen philosophisch gebildeten wie pragmatisch denkenden Juristen unterschlägt.

Einer solchen Unterschlagung hat sich als erster der Pennsylvanische Staatsbote vom 5. Juli 1776 mit seiner

Übersetzung des ersten Satzes schuldig gemacht, weil er
„self-evident" wohl in guter Absicht gebrauchssprach-
lich – vielleicht aber auch nur unter Zeitdruck – mit „ausgemacht" wiedergab. Auch „selbst-verständlich" wäre
verfehlt gewesen, weil „evident" maßgeblich auf den
Augenschein abstellt, der im Evidenzfalle unmittelbare
Verständlichkeit einschließt (im Gegenwartsenglisch
„without saying") und alle Probleme des Verstehens von
vornherein („naturally") ausschließt („of course"). Die
bereits „geradezu genial" genannte Konstruktion kann
auch nicht mit „selbst-evident" übersetzt werden, weil
es dieses Wort im Deutschen nicht gibt. Ihre Genialität
wird im erwähnten Film in kongenialer Regie als Geistes-
blitz Jeffersons in Szene gesetzt, der in einer aufgeladenen
Atmosphäre der Anspannung entstand, eine eingängige
Formulierung zu finden, die dem „common sense" entsprach (auch in Auseinandersetzung mit Positionen, die
Abigail Adams in Briefen an ihren Mann vertrat). Der
Blitz entlud sich im Bindestrich.

Blitzgescheit war und ist die Bindestrich-Konstruk-
tion, weil sie die aufgezählten Wahrheiten („truths") gleicher und unveräußerlicher Rechte aller Menschen mit
ihren drei menschenrechtlichen Fundamentalpositio-
nen „Leben, Freiheit und Streben nach Glück" von allen
philosophischen und/oder theologischen Begründungs-
lasten befreit. Zwar werden die Menschen als „created
equal" bezeichnet und ausdrücklich mit einem Schöpfer
(„Creator") in Verbindung gebracht, anders als bei John
Locke beruht diese Verbindung aber nicht auf einer aus-
gearbeiteten Schöpfungstheologie, in der die Menschen
als Werk Gottes auch Eigentum Gottes sind (§ 6) – was
weder im Gottes- noch im Eigentumsbegriff „self-evi-

dent" ist (Gröschner et al. 2000). Locke schrieb seine Abhandlungen als Philosoph, Jefferson formulierte die Unabhängigkeitserklärung als Jurist. Philosophisch kommt es auf die Begründung eines Textes an, juristisch auf dessen Geltung.

Bezogen auf die als „self-evident" bezeichneten Wahrheiten hat Jefferson keinen philosophischen Begründungs-, sondern (nur) einen juristischen Geltungsanspruch erhoben. Diesem bescheidenen Anspruch gemäß können alle, die den Satz nachsprechen – sei es in leiser Lektüre oder lautem Bekenntnis – sich auf „Life, Liberty and the pursuit of Happiness" als für „all men" geltende Rechte berufen, ohne eine andere Rechtsgrundlage als die Erklärung selbst benennen zu müssen. Diesen Geltungsgrund durch philosophisch-theologischen Begründungsstreit nicht in Frage stellen zu lassen, war das Anliegen des Juristen Jefferson. Insofern haben die betreffenden Rechte denselben Charakter wie die Menschenrechte, die in ihrer weltweit ersten Erklärung garantiert wurden: in der drei Wochen vor der Unabhängigkeitserklärung verabschiedeten und ihr als Vorbild dienenden Virginia Bill of Rights vom 12. Juni 1776 (zu deren Würdigung namentlich Dreier 2014).

In ihrem ersten Artikel werden die Menschen als „von Natur aus gleichermaßen frei und unabhängig" bezeichnet („by nature equally free and independent"). Die naturgegebenen Menschenrechte werden als „inherent rights" qualifiziert, was man entweder mit dem Lehnwort „inhärent" paraphrasieren oder mit dem so schön „natürlichen" deutschen Wort „angeboren" übersetzen kann. Rousseau hatte den Menschen in seinem Contrat Social schon 1762 als „frei geboren" („né libre") bezeichnet und kein geringerer als Kant ist ihm in der Rede vom „angebornen Recht" der Freiheit gefolgt (Näheres im nächsten Kapitel). Mit Blick auf die oben behandelte, vor der Verfassung gelegene „ursprüngliche Freiheit" des Volkes verdient Artikel 3 der Virginia-Bill besondere Beachtung. Dort heißt es, die Regierung müsse das Gemeinwohl („common benefit"), den Schutz und die Sicherheit des Volkes, der Nation oder der Allgemeinheit gewährleisten; andernfalls habe die „Mehrheit des Gemeinwesens" das unbezweifelbare, unveräußerliche und unverzichtbare („indubitable, inalienable and indefeasible") Recht zur Reform („right to reform").

Besonders beachtlich ist dies aus zwei Gründen: erstens, weil mit der dreifachen Hervorhebung der Unbezweifelbarkeit, Unveräußerlichkeit und Unverzichtbarkeit dieses kollektiven Rechts zum Widerstand dasselbe Ergebnis erreicht wird, das Jefferson für die individuellen Menschenrechte mit ihrer Charakterisierung als „self-evident" erzielte: nicht weiter begründungsbedürftig zu sein. Der zweite Grund ist die Vergleichbarkeit mit dem Widerstandsrecht des Artikels 20 Absatz 4 GG: „Gegen jeden, der es unternimmt, diese Ordnung zu beseitigen, haben alle Deutschen das Recht zum Widerstand, wenn andere Abhilfe nicht möglich ist." Trotz der Unterschiede zwischen dem Mehrheitsrecht Virginias und dem Individualrecht des Grundgesetzes (das aber auch kollektiven Widerstand erlaubt) und der doppelten Zielrichtung des Grundgesetzes gegen einen Staatsstreich sowohl „von oben" (Putsch) als auch „von unten" (Aufruhr) besteht eine Übereinstimmung, die für den hier verfolgten Gedankengang ganz wesentlich ist: die Funktion des Widerstandsrechts als Bestimmung nicht einfach zum Schutz

„des Staates", sondern des Freistaates und damit als Ausdruck einer „wehrhaften Republik" (Gröschner 2006).

Im Mai 1787 wurde der Versammlungsraum der Independence Hall erneut zum Schauplatz einer weltberühmten Zusammenkunft: Unter Vorsitz von George Washington, dem späteren ersten Präsidenten, erarbeiteten die „Gründerväter" der USA in viermonatiger Beratung die Verfassung der Vereinigten Staaten von Amerika. Ihre Eingangspassage „We the People" ist die stolze Bekräftigung des in der Unabhängigkeitserklärung beanspruchten Widerstandsrechts gegen despotische Herrschaft. Wären wir Amerikaner, würden wir das große „WIR" des Jahres 1989 mit mehr republikanischem Stolz zitieren und die Revolution der Deutschen in der DDR nicht durch das konterrevolutionäre Krenz-Wort „Wende" desavouieren. Was die politische Bildung der amerikanischen Verfassungsväter angeht, wurde sie ganz wesentlich aus alteuropäischen Quellen gespeist: John Adams hatte Rousseaus „Contrat Social" von 1762 – von dem er nicht weniger als vier Ausgaben besaß – vor der Unabhängigkeitserklärung gelesen. Benjamin Franklin sagte im Verfassungskonvent, man sei in die Geschichte zurückgegangen, um die in den antiken Republiken angelegten Fehler zu vermeiden. Und in den Aufzeichnungen James Madisons finden sich Hinweise auf Aristoteles, Livius, Descartes, Grotius und Montesquieu (Belege bei Adams 1994, Demandt 1993 und Heller 1987).

Die Begriffe „Republik" und „Demokratie" wurden zwischen 1776 und 1787 als Komplementärbegriffe gebraucht und zur wechselseitigen Verweisung aufeinander verwendet: einerseits im Sinne eines republikanischen „commonwealth or free state" entsprechend dem deutschen „Freistaat", andererseits mit demokratischer Organisation der Gesetzgebung und entsprechender Volkssouveränität (Mager 1984). Im Zuge der Propagierung der Bundesverfassung durch die „Federalist Papers" erfolgte eine bis heute nachwirkende Bedeutungsveränderung, die den Sprachgebrauch der Amerikaner deutlich von dem der Europäer unterscheidet: James Madison stellte im „Federalist" Nr. 10 „Democracy" und „Republic" nicht mehr komplementär nebeneinander, sondern kontradiktorisch gegeneinander (Cooke 1989).

Sein Motiv war die Zurückweisung einer „reinen Demokratie" („pure Democracy") im Sinne direkter oder unmittelbarer Demokratie, weil diese kein Mittel gegen das Übel der Parteiung („faction") biete. Um der politischen Praxis ein begriffliches Instrument zur Verfügung zu stellen, definierte er die Republik ohne Rücksicht auf ihren ideengeschichtlichen Gehalt als eine demokratische Regierungsform mit Repräsentativsystem (Zehnpfennig 1993). Mit dieser Reduzierung der Republik auf eine repräsentative Demokratie ist der revolutionäre freistaatliche Gehalt des Republikbegriffs völlig aus dem Wortschatz der Amerikaner verdrängt worden. Das zeigt sich auch im Namen der beiden großen amerikanischen Parteien, der Demokratischen und der Republikanischen Partei. Der Name „Republican Party" hat mit der alteuropäischen Tradition des republikanischen Prinzips nichts zu tun – vom Programm der deutschen Splitterpartei „Die Republikaner" ganz zu schweigen.

Noch offen ist der Zusammenhang der Unabhängigkeitserklärung mit der typischen Lebensart eines „American way of life". Gegen eine verbreitete Vorstellung beschränkt sich „pursuit of happiness" nicht auf die Erfüllung des „American Dream", es durch entschlossenen Einsatz eigener Fähigkeiten und harte Arbeit sprichwörtlich vom Tellerwäscher zum Millionär bringen zu können (Bode 1954). Erstens ist die soziale Mobilität in den USA keineswegs höher als in vergleichbaren Staaten mit marktwirtschaftlichem System und zweitens waren die amerikanischen Verfassungsväter – wie bereits betont – ideengeschichtlich gebildete Männer, die mit „happiness" nicht nur das persönliche Glück materiellen Wohlstands und gelingender Privatheit beschworen haben, sondern auch das politische Gelingen gesamtgesellschaftlichen Lebens: Als „common benefit" war solch gemeinsames Glück im Amerika des 18. Jahrhunderts unumstrittenes republikanisches Staatsziel im Geiste der aristotelischen „eudaimonia". Das jüngste Paradebeispiel einer nicht-kommerziellen Karriere im Sinne dieses Staatsziels ist eine traumhafte Richterlaufbahn: Zur Richterin am Supreme Court wurde eine New Yorkerin aus der Bronx berufen, aufgewachsen unter spanisch sprechenden Einwanderern aus Puerto Rico „mit einem lateinamerikanischen Herzen" – nachzulesen in Sonia Sotomayors Autobiographie „Meine geliebte Welt" (und im Gespräch mit Patrick Bahners in der F.A.Z. vom 6. Mai 2014: „So erfüllte sich mein amerikanischer Traum").

Literatur zu Kapitel 6

Adams, *Angela* (Hrsg.), Die Federalist-Artikel, 1994.
Bahners, *Patrick*, So erfüllte sich mein amerikanischer Traum, Interview mit Sonia Sotomayor, in: F.A.Z. Nr. 104 vom 6. Mai 2014, S. 9.

Bode, Adolf, Amerikanismus, in: *Karrenberg, Friedrich* (Hrsg.), Evangelisches Soziallexikon, 1954.

Cooke, Jacob E. (Hrsg.), The Federalist, 3. Aufl. 1989.

Demandt, Alexander, Der Idealstaat. Die politischen Theorien der Antike, 1993.

Dippel, Horst, Die Amerikanische Revolution 1763–1787, 1985, Neudruck 2001.

Dreier, Horst, Idee und Gestalt des freiheitlichen Verfassungsstaates, 2014.

Frotscher, Werner/Pieroth, Bodo, Verfassungsgeschichte, 13. Aufl. 2014.

Gröschner, Rolf, Art. 20 IV (Widerstandsrecht), in: *Dreier, Horst* (Hrsg.), Grundgesetz-Kommentar, Band 2, 2. Aufl. 2006.

Ders./Dierksmeier, Claus/Henkel, Michael/Wiehart, Alexander, Rechts-und Staatsphilosophie. Ein dogmenphilosophischer Dialog, 2000.

Heller, Francis H., USA. Verfassung und Politik, 1987.

Heun, Werner, Die politische Vorstellungswelt Thomas Jeffersons, in: Historische Zeitschrift 258, 1994, S. 359–396.

Ders., Der 4. Juli 1776 – Die Vergegenwärtigung der Revolution in der Erinnerungskultur der USA, in: *Gröschner, Rolf/Reinhard, Wolfgang* (Hrsg.), Tage der Revolution – Feste der Nation, 2010, S.73–92.

Locke, John, Zwei Abhandlungen über die Regierung, herausgeben von *Walter Euchner*, 5. Aufl. 1992.

Mager, Wolfgang, Republik, in: *Brunner, Otto u.a.* (Hrsg.), Geschichtliche Grundbegriffe, Band V, 1984.

Schambeck, Herbert (Hrsg.), Dokumente zur Geschichte der Vereinigten Staaten von Amerika, 1997.

Sotomayor, Sonia, Meine geliebte Welt, 2014.

Zehnpfennig, Barbara (Hrsg.), Die Federalist Papers, 1993.

7. Einig sind Wir im Freiheitswillen

„volonté générale" und Französische Revolution (1789)

Schon im Vorwort wurde betont, der unblutige Umsturz in der DDR brauche den Vergleich mit den Freiheitsrevolutionen in Amerika und Frankreich nicht zu scheuen. Wie im sechsten Kapitel dargelegt, bringt die Revolutionsparole „Wir sind das Volk" eine tiefgehende Übereinstimmung mit dem Anfang der Amerikanischen Verfassung („We the People") zum Ausdruck, die bis an die Wurzeln der griechisch-römischen Republiktradition reicht (dazu das fünfte Kapitel). Die französische Erklärung der Menschen- und Bürgerrechte vom 26. August 1789 nimmt auf diesen traditionsreichen Willen zu politischer Freiheit mit dem – noch eingehend zu erläuternden – Begriff der „volonté générale" Bezug (Artikel 6 Satz 1). Weil der Wille im Französischen weiblich ist („la volonté") und das Adjektiv „générale" daher mit einem femininen „e" endet, sollte das französische Fremdwort im Deutschen nicht mit männlichem Artikel gebraucht werden.

Für „die" volonté générale spricht außer der Grammatik auch die Herkunft des Kunstwortes aus der Philosophie Jean-Jacques Rousseaus (1712–1778). Da kein politischer Philosoph ein anspruchsvolleres Freiheitskonzept ersonnen hat als Rousseau (Kersting 2002), sind Redeweisen zu vermeiden, die den betreffenden

Anspruch außer acht lassen. „Der" volonté générale ist äußerst unachtsam. Denn so kann nur reden, wer „die" volonté mit „dem" Willen identifiziert und den originalen weiblichen Artikel durch den männlichen deutschen ersetzt. Das löst Assoziationslawinen aus, die das Original zu verschütten drohen: „Der Wille" erinnert philosophisch an den Willen zur Macht und in historischen Schreckenszusammenhängen an den Willen des „größten Führers aller Zeiten" (gegen den im zweiten Kapitel das Verfassungsprinzip der Republik in Stellung gebracht wurde). Ein solcher Wille verlangt Unterwerfung unter das Diktat eines Herrn, dessen Herrschaft subordinationsrechtlich strukturiert ist. Rousseaus republikanische volonté générale schließt eine solche Herrschaftsstruktur von ihrer aristotelischen Wurzel her – und von daher im ursprünglichen Sinne des Wortes radikal – aus. Für die kollektive Trägerschaft des „WIR" kommt zudem kein singuläres Willenssubjekt (in Analogie zum Herrn und Führer) in Frage.

An Person, Werk und Wirkung Rousseaus scheiden sich freilich die Geister (zu den Merkwürdigkeiten seines Lebens Holmsten 2000). Aber Rousseau ist nicht Robespierre und der leidenschaftliche Vorkämpfer politischer Freiheit nicht der Ahnherr des Totalitarismus (Gröschner et al. 2000 mit freiheitsphilosophischer Verteidigung der „aliénation totale"). Auch die Ernennung zum „literarischen Vater der neueren Demokratie" (Carl Schmitt) ist angesichts der nicht-parlamentarischen Demokratiekonzeption Rousseaus schon an sich problematisch, betrifft aber jedenfalls eine andere ideengeschichtliche Linie als die hier verfolgte: die Entwicklung der aristotelischen Lehre von der besten Verfassung zu einer

neuzeitlichen Legitimationstheorie der Republik, wie sie
in den beiden ersten Büchern des „Contrat Social" enthalten ist. Hier ist Rousseau Republiktheoretiker, hier ist
seine politische Philosophie von größter Originalität und
von höchster verfassungstheoretischer Relevanz. Hier
muß er gegen antirousseauische Affekte verteidigt und
freiheitsphilosophisch rehabilitiert werden.

Diese Rehabilitierung ist ein philosophisches Anliegen
im systematischen Rahmen der Rousseauschen Freiheitskonzeption. Deren Basis bilden die überlieferten Texte,
nicht angedichtete Positionen wie das Motto „Zurück
zur Natur", das kein geringerer als Voltaire zum Rückfall
in die Gangart auf allen vieren („marcher à quattre pat-
tes") erklärt hat (Brief an Rousseau in Weigands Schriften zur Kulturkritik). Bei Bedarf werden die Texte im
französischen Original herangezogen, weil die meisten
Fehldeutungen auf einer mißverständlichen Übersetzung beruhen. Das beginnt bereits mit dem Untertitel
des „Contrat Social" von 1762. Er lautet: „Principes du
Droit Politique". Das „politische Recht" ist dabei ganz
im Sinne des Aristoteles – auf den Rousseau ausdrücklich wie sinngemäß mehrfach zurückgreift – zu verstehen: als das Recht der Polis, des politischen Verbandes
nach Maßgabe dessen bester, nämlich freiheitlicher Verfassung („politeia"). Dementsprechend sind „Principes"
keine Grundsätze des geltenden Rechts, sondern philosophische Basisbestimmungen.

Im sogenannten Genfer Manuskript, einer ersten Fassung des „Contrat", schreibt Rousseau, er stelle nicht auf
die aktuell existierenden politischen Verbände und deren
Tatsachen ab, sondern suche ihr Recht und ihren Grund
(„le droit et la raison"). Diese Suche sollte Bestandteil ei-

ner größeren Abhandlung mit dem Titel „Institutions Politiques" sein. Zusammen mit dem anthropologischen Grundgedanken verlorener Selbstliebe (*amour de soi*) in institutionell verkümmerten oder „depravierten" Gesellschaften (Erster Discours 1750) verleiht der ursprüngliche Titel dem späteren Untertitel „Prinzipien des politischen Rechts" programmatischen Charakter. Dennoch wird er in Hans Brockards ansonsten sehr verdienstvoller und leicht zugänglicher Ausgabe „Vom Gesellschaftsvertrag" (Französisch/Deutsch Reclam 2010, zitiert nach Buch und Kapitel) mit „Grundsätze des Staatsrechts" übersetzt. Das klingt nach einem Lehrbuch des positiven Rechts – das Rousseau weder schreiben wollte noch konnte. Im Folgenden geht es auch nicht um das Werk als ganzes (samt seiner Schwächen), sondern um die freiheitsphilosophisch programmatischen Kapitel 1, 6 und 8 des Ersten sowie 4, 6 und 12 des Zweiten Buches. Zur Verteidigung gegen den Vorwurf einer totalitären Theorie sei nur auf I 4 verwiesen: „Auf seine Freiheit verzichten heißt auf seine Eigenschaft als Mensch [...] verzichten."

Das Programm einer von ihren fundamentalen Prinzipien her legitimen politischen Freiheitsordnung formuliert Rousseau im ersten Satz seiner Abhandlung folgendermaßen: „Ich will untersuchen, ob es in der bürgerlichen Ordnung (ordre civil) irgendeine rechtmäßige (légitime) und sichere Regel für das Regieren geben kann." Ein solch prinzipielles Legitimationsanliegen kommt auch am Anfang des ersten Kapitels zum Ausdruck, wenngleich der rhetorische Glanz des Eingangssatzes die nachfolgenden schlichteren Sätze etwas verblassen läßt: „Der Mensch ist frei geboren (né libre), und überall liegt er in Ketten (dans les fers) [...] Wie ist dieser Wandel zustande gekommen? Ich weiß es nicht. Was kann ihm Rechtmäßigkeit verleihen (rendre légitime)? Diese Frage glaube ich beantworten zu können." Rousseau will den Wandel vom frei geborenen natürlichen Menschen („homme naturel") zum institutionell geketteten zivilisierten Menschen weder erklären noch rückgängig machen. Deshalb enthält die Kettenmetapher auch keine Revolutionsparole zum Sprengen der Ketten und schon gar nicht zum Terror à la Robespierre.

Die Ketten – im Themenbereich des „Contrat" die politischen Institutionen, allen voran die Verfassung – sollen vielmehr im Hinblick auf die Regel des Regierens und die „Principes" des Untertitels legitimiert, das heißt aufgrund der Prinzipien politischer Freiheit gerechtfertigt werden. In eben dem Maße, in dem es Rousseau ums Prinzip geht, nämlich um die republiktheoretische Präzisierung des Aktes, durch den ein Volk in Freiheit zu seiner politischen Einheit findet (I 5), geht es weder um das gesetzte Verfassungsrecht noch um sinnlich wahrnehmbare Tatsachen (wie das Heben der Hände zur Feststellung einer faktischen Mehrheit). Deshalb weist Rousseau ausdrücklich auf ein Grundproblem jeder politischen Philosophie hin: Ihre allgemeinsten Prinzipien können nicht in die Sprache des Volkes übersetzt werden (II 7). An allererster Stelle gilt dies für die volonté générale, weil sie das höchste Prinzip des als Gedankengebilde (être de raison) begriffenen Kollektivkörpers (corps collectif) der Republik ist (zu Pufendorf als Quelle eines politischen „corpus" mit einem kollektiven Willen Fetscher 1990).

Auf der Höhe dieser subtilen Konstruktion gibt es weder ein französisches noch ein deutsches Wort, mit dem das „Lebensprinzip" der Republik (Mensching 2000)

besser bezeichnet werden könnte als mit der volonté
générale. Wer sich auf Rousseaus Philosophie politischer
Freiheit ernsthaft einlassen will, darf diesen eigens er-
dachten terminus technicus nicht übersetzen – auch nicht
wie üblich mit „Gemeinwille". Denn erstens ist „der" Gemeinwille gegen die erwähnte Macht-Assoziation nicht
gefeit und zweitens fordert der (all)gemeine Wille die Verwechslung mit dem „Willen des Volkes" im Sinne des demokratischen Prinzips der Volkssouveränität geradezu
heraus. Der republikanische Gehalt der volonté générale
wäre damit kategorial verfehlt. Denn die Feststellung eines demokratischen Mehrheitswillens (*volonté de tous*)
erfolgt deskriptiv und nach quantitativen Kriterien (wie
im obigen Beispiel der Mehrheitsfeststellung), die Orientierung an der republikanischen *volonté générale* dagegen
normativ und in der Kategorie der Qualität (werkgetreue
Interpretation dieses Gegensatzes bei Forschner 1977).

An der für die normative Qualität der volonté générale zentralen Stelle des „Contrat" (I 6) nennt Rousseau
den Gesellschaftsvertrag (pacte sociale) „eine Form des
Zusammenschlusses (association), die mit ihrer ganzen
gemeinsamen Kraft die Person und das Vermögen jedes
einzelnen Mitglieds verteidigt und schützt". Was diesen
Schutz betrifft, bleibt Rousseau als Vertragstheoretiker
in der Tradition des neuzeitlichen Kontraktualismus („la
personne et les biens" hießen bei John Locke „property");
in der Differenzierung zwischen „association" und „ag-
gregation" erweist er sich aber als bekennender Aristo-
teliker: Die zu findende Form des politischen Verbandes
muß also mehr sein als die Summe (die schlichte „aggre-
gation") der Interessen privater Individuen, die ihren eigenen Nutzen maximieren und das öffentliche Interesse

ignorieren. Rechtsstaatlich ist eine solche Summe legitim, nicht aber republikanisch.

Darin liegt die Pointe einer freiheitsphilosophisch fundierten Republiktheorie, wie sie in Fortführung des zitierten Satzes erstmals in der Geschichte der politischen Philosophie artikuliert wird: Finde eine Form der „association", die nicht von dem rechtsstaatlichen und für Rousseau selbstverständlichen Individualgüterschutz her definiert wird, sondern von jener spezifischen Vereinigung her, in der „jeder, indem er sich mit allen vereinigt, nur sich selbst gehorcht und genauso frei bleibt wie zuvor. Das ist das grundlegende Problem, dessen Lösung der Gesellschaftsvertrag darstellt". In dieser berühmten Problemstellung wird die Frage nach der das Volk konstituierenden politischen Einheit in konsistenter, aber auch – um es zu wiederholen – in höchst anspruchsvoller Weise als Freiheitsfrage formuliert. Der große Aufklärer und Anreger für Kant und Hegel ist Rousseau geworden, weil er diese Frage anders als Locke nicht als Limitationsfrage gestellt hat, das heißt als Frage nach der Begrenzung staatlicher Gewalt durch Freiheits- und Eigentumsrechte, sondern als Legitimationsfrage. Die Freiheit hat in dieser republikanischen Konzeption den Status eines objektiven Prinzips der Verfassung, nicht den rechtsstaatlichen Charakter subjektiver Rechte.

Die erkennbar wichtigste, durch Kursivdruck hervorgehobene Passage, an der Rousseau von der „essence" des Gesellschaftsvertrags spricht, lautet: „Gemeinsam stellen wir alle, jeder von uns seine Person und seine ganze Kraft unter die oberste Richtschnur (suprème direction) der volonté générale; und wir nehmen, als Körper (en corps), jedes Glied als untrennbaren Teil des Ganzen

auf" (I 6). Der uno actu mit dem fiktiven Vertragsschluß
entstehende Kollektivkörper des politischen Verbandes,
der durch die Orientierung an der volonté générale sein
gemeinsames Ich, sein Leben und seinen Willen erhält
(son moi commun, sa vie et sa volonté), tritt seinen Mitgliedern demnach nicht in einem machtvollen Subordi-
nationsverhältnis gegenüber, sondern in der bereits bekannten aristotelischen Relation eines Ganzen zu seinen
Teilen. Am Beginn des „Emile" heißt es dazu, der Wert
des *Citoyen* liege in der Beziehung zum Ganzen und gute
politische Institutionen transformierten das Ich des Menschen in die Allgemeinheit (in der Marginalie „Mensch
und Bürger" des Übersetzers ist mit „Bürger" daher nicht
etwa der *Bourgeois* gemeint).

Durch die Transformation in den Citoyen, der in der
Grundfrage der politischen Einheitsbildung seines Volkes mit allen anderen Citoyens zusammen das Interesse
des Ganzen vertritt und nicht Teil- oder Partikularin-
teressen, entsteht jene öffentliche Person (personne pu-
blique), der Rousseau ausdrücklich den Namen „corps
politique" oder „République" gibt. Mit dieser synony-
men Wortverwendung liegt er ganz auf der ideen- und
begriffsgeschichtlichen Linie, die im fünften Kapitel als
aristotelisch-ciceronische Tradition politisch-republika-
nischen Denkens erläutert wurde. Da diese Tradition zu
seiner Zeit aber in Vergessenheit geraten war, formuliert
er eine ausführliche Fußnote, die in den Zitatenschatz jedes Republikaners in der freiheitsphilosophischen Bedeutung des Begriffs gehört: Der wahre Sinn von „Cité",
der französischen Übersetzung von „Polis", sei bei den
modernen Autoren fast völlig verschwunden; die meisten
nähmen „une ville pour une Cité et un borgeois pour un

Citoyen". Sie wüßten nicht, „que les maisons font la ville mais que les Citoyens font la Cité". Da es für Cité und Citoyen kein deutsches Äquivalent gibt, kann und sollte man die Stelle so übersetzen, „daß die Republikaner die Republik bilden" und also gilt: Keine Republik ohne Republikaner. Als Freiheitsphilosophie ist Rousseaus Republiktheorie wie keine andere geeignet, aus dem Wort „Republikaner" wieder einen positiv besetzten philosophischen Begriff zu machen (zu dessen historischer Entwertung Langewiesche 1983).

Republikanisch ist diese Freiheitsphilosophie, weil sie von Republikanern (*Citoyens*) ausgeht, die fähig und bereit sind, sich in der Grundfrage ihrer politischen Ordnung vom Freiheitsinteresse aller leiten zu lassen. Gegen ein verbreitetes Vorurteil handelt es sich dabei nicht um ein moralisches, sondern um ein politisches Programm (überzeugende Widerlegung der Fehlvorstellung einer „Tugendrepublik" bei Brandt 1973). Auch hängt das richtige Verständnis dieses Programms nicht von der schwierigen Durchdringung eines komplizierten Konstrukts ab, sondern von der einfachen Einsicht, daß die eigene Freiheit in der freiheitlichen Verfassungsordnung einer Republik oder eines Freistaates nur begründet werden kann, wenn sie die gleiche Freiheit aller mitbegründet. Rousseau entwickelt hier eine Theorie der Reziprozität, die sich bestens für eine Verfassungstheorie des Grundgesetzes eignet (Gröschner 2013). Denn die Verpflichtungen, die den Citoyen an den politischen Körper der Republik binden, sind nur deshalb obligatorisch, weil sie wechselseitig (mutuels) oder reziprok sind; da die volonté générale aber per definitionem allgemein ist, muß sie von allen ausgehen, um sich auf alle beziehen zu können. Klar und deutlich heißt es an dieser Stelle (II 4), die volonté générale verliert ihre natürliche Richtigkeit (rectitude naturelle), sobald sie auf einen einzelnen, fest umrissenen Gegenstand gerichtet ist.

Die allgemeinen Gesetze Rousseaus sind daher strikt vom heutigen Gesetzesbegriff zu unterscheiden. Denn dessen Allgemeinheit ist als Geltung für alle Gesetzesunterworfenen mit der Ausrichtung auf einzelne Gegenstände sehr wohl vereinbar und geradezu gesetzgeberischer Alltag – weshalb der eingangs erwähnte Artikel 6 der Menschen- und Bürgerrechtserklärung („La loi est l'expression de la volonté générale") Rousseaus Konzeption nur bedingt entspricht. Das Gesetz ist nicht schon dann Ausdruck der volonté générale, wenn es mit demokratischer Mehrheit beschlossen wurde (weil Rousseau diese Mehrheit mit der volonté de tous verbindet), sondern erst dann, wenn das ganze Volk über das ganze Volk entscheidet: „quand tout le peuple statue sur tout le peuple" (II 6). Das ist vor allem dann der Fall, wenn es um die Errichtung und Erhaltung der republikanischen Freiheitsordnung als solcher geht. Primär bezieht Rousseaus Prinzipienlehre sich auf den „pacte social" als den Gründungsakt der Republik, in dem eine vorher unverbundene Menge von Menschen zum Volk und im WIR eines gemeinsamen Freiheitswillens als legitimer Träger einer freistaatlichen Verfassung zu deren Verfassunggeber wird (zum *pouvoir constituant* bei Sieyès sogleich).

Da der ursprüngliche Akt, in dem der politische Körper sich bildet und zusammenschließt, noch nicht festlegt, was zu seiner Erhaltung zu tun ist, kommt es im Sekundärprinzip drauf an, den natürlichen Willen zur

Selbsterhaltung des Einzelnen auf die institutionalisierte Ordnung zu übertragen. Denn deren wichtigste Sorge ist „sa propre conservation" (II 4). Die volonté générale wird so zu dem auf sich selbst gerichteten Erhaltungswillen des Ganzen der Republik (Buchheim 2013). Auch hier ist sie kein Programm für die Alltagsarbeit des Regierens (die Rousseau mit einer Maschine vergleicht), sondern eine politische Leitidee für den Ernstfall, in dem der Bourgeois sich auf seine Rolle als Citoyen besinnen muß, um seiner Republik die Fähigkeit zu erhalten, die gleiche Freiheit aller zu gewährleisten. Das Grundgesetz hat diese Idee einer Selbsterhaltung der Freiheit in seinen Verfassungsschutzbestimmungen positiviert. Rousseauisch interpretiert schützen sie weder den Rechtsstaat noch die Demokratie, sondern die Republik (Einzelheiten zur wehrhaften Republik im 12. Kapitel).

Was ist die Botschaft dieser nicht eben einfachen Beschäftigung mit dem Rousseauschen Original der volonté générale? Wer dem bisherigen Gedankengang gefolgt ist, wird auch die originale Antwort verstehen, durch die der Leitsatz „Les Citoyens font la Cité" republikanischen Gehalt gewinnt: Die wahre Verfassung (la véritable constitution) der Cité wird in die Herzen der Bürger (dans les cœrs des Citoyens) geschrieben; sie erhält ein Volk im Geist seiner Errichtung (dans l´esprit de son institution) und setzt dann unmerklich die Kraft der Gewohnheit (la force de l´habitude) an die Stelle staatlicher Autorität (II 12; „habitude" meint den Charakter des Citoyen – aristotelisch dessen Ethos). Im Unterschied zum Verstandesrepublikaner Kant und zum Vernunftrepublikaner Hegel war Rousseau Herzensrepublikaner. In der Vermittlung seiner Freiheitsliebe vertraute er mehr auf

den schönen Geist der Literatur als auf die strengen Formen der Logik.

Aufgrund dieses Umstandes ist die volonté générale
weniger Begriff als Metapher (Taureck 2009). Sie ent-
stammt keinem logischen Kalkül, sondern jener Erleuch-
tung („illumination"), die Rousseau eigenen Bekenntnis-
sen gemäß beim Lesen der Preisfrage der Akademie von
Dijon zuteil geworden war (Spaemann 1980): Der Mensch
sei von Natur aus gut und werde erst durch die Institutionen verdorben (so außer dem oben zitierten Anfang des
„Contrat" auch der erste Satz des Emile und das Ergebnis
des Ersten Discours, mit dem er 1750 als anonymer „Citoyen de Genève" den Preis der Akademie gewann). Das
Hauptanliegen seines Herzensrepublikanismus ist daher
die freiheitliche Gestaltung der politischen Institutionen – zur Erinnerung: allen voran der Verfassung – und
die Vermittlung der Grundüberzeugung, daß ein gemeinsames Leben in Frieden und Freiheit auf Dauer nur gelingen kann, wenn WIR es aus guter Gewohnheit so wollen.

In deutscher Republiktradition hat hieran namentlich
Hermann Heller angeknüpft. Folgt man seiner Differenzierung zwischen dem Staat als „Subjekt" und dem Volk
als „Träger" der Souveränität, wird der republikanische
Staat als organisierte Entscheidungs- und Wirkungsein-
heit getragen von einer „Willensgemeinschaft", in der
sich die organisationssoziologisch rekonstruierte volonté
générale wiederfindet (Henkel 2011). Sie beruht auf dem
durch Generationen entwickelten „habituellen Zustand
eines mehr oder minder klaren und festen Wir-Bewußt-
seins" (Heller 1983 in erkennbarer Anknüpfung an Rousseaus „force de l´habitude"). „Habituell" bezieht sich in
dieser Traditionslinie auf die Haltung, den Charakter

oder die innere Einstellung von Bürgern, denen die Teilnahme am politischen Leben so selbstverständlich ist wie die Gestaltung ihres Privatlebens. In Hegels „Grundlinien der Philosophie des Rechts" wird diese Grundhaltung das „ zur Gewohnheit gewordene Wollen" genannt, Freiheit als „Resultat der im Staate bestehenden Institutionen" zu verwirklichen (Hegel 1821). Die Wirklichkeit politischer Freiheit in den Institutionen eines Freistaates steht und fällt mit der Stärke des gemeinsamen Freiheitswillens – etwa am Wahltag, an dem unser politisches WIR sich in der Wahlbeteiligung äußert.

Aus der Wirkungsgeschichte der volonté générale im Verlauf der Französischen Revolution seien nur die Verleugnung Rousseaus durch Robespierre und die Erfindung des *pouvoir constituant* durch Abbé Sieyès erwähnt. Während Rousseaus Position im „Contrat" unmißverständlich darauf festgelegt war, daß auch die Monarchie selbst republikanisch sein kann – wenn sie nach Prinzipien allgemeiner (Verfassungs-) Gesetze regiert wird, die der volonté générale entsprechen (II 6) –, hat Robespierre diese zunächst auch von ihm vertretene Position aufgegeben und im Terror der Gegenrevolution vollständig verleugnet. Wie immer man die historische Verantwortung für das Scheitern der Revolutionsverfassung vom 3. September 1791 einschätzen mag: Mit dem „Contrat Social" läßt sich die Hinrichtung Ludwigs XVI. ebensowenig begründen wie die Schreckensherrschaft der Jakobiner (kompakte Darstellung des Geschehens bei Frotscher/Pieroth 2014). Das Beil der Guillotine, das nach einem Aphorismus Flauberts in allen Silben des Wortes Republik blitzte, war nicht die Waffe freiheitsliebender Citoyens. In Deutschland, Europa und Amerika schlug die

Sympathie für Frankreichs Freiheitsrevolution in Enttäuschung, Entsetzen und Empörung um (zu den Reaktionen Kants, Fichtes und Hegels: Siep 2010).

Ein republikanischer Befreiungsakt par excellence war die Erklärung der Nationalversammlung zur „Assemblée Nationale Constituante" am 6. Juli 1789. Denn diese Erklärung brachte das monarchische Legitimationsmodell des Ancien Régime durch die verfassunggebende Gewalt des *pouvoir constituant* zum Einsturz – die Urgewalt eines gemeinsamen Willens zur Einheit in Freiheit, die der Abbé Sieyès in seiner wirkungsmächtigen Schrift über den Dritten Stand als Begriff erfunden und als Prinzip etabliert hatte. Im Rahmen des hier vertretenen Revolutionsbegriffs war der Durchbruch des republikanischen Freiheitsprinzips einer „konstituierenden", die Verfassung fundierenden und legitimierenden Versammlung nicht weniger revolutionär als der Sturm auf die Bastille acht Tage danach (zur „Erfindung der Revolution" am 14. Juli 1789 Lembcke 2010).

„Qu'est que le Tiers État?", eine schmale Schrift, die in den ersten Januartagen des Jahres 1789 zunächst ohne Angabe des Autors erschien, war kein politisches Pamphlet wie viele andere Flugschriften dieser Zeit, sondern eine sehr grundsätzlich argumentierende Abhandlung mit praktisch wie theoretisch beachtlicher Wirkung (dazu die Einleitung zur Neuausgabe von Lembcke und Weber 2010). Die nächstliegende Wirkung war die Abstimmung „nach Köpfen" statt „nach Ständen", die weitestreichende die Etablierung des Repräsentationsprinzips: Die volonté générale Rousseaus wurde bei Sieyès zur „volonté commune", das Volk zur Nation und die Nationalversammlung zu einem Repräsentationsorgan, das der „Contrat Social" noch nicht kannte. Ohne den „Dritten Stand" – als philosophische Publikation wie als politisches Phänomen – wäre der „Gesellschaftsvertrag" nicht zum verfassungstheoretischen Fundament für die Freiheitsrevolution der Franzosen geworden (Gröschner 2010 mit Kritik an der demokratietheoretischen Fiktion eines Verfassungsvertrags und Würdigung der republiktheoretischen Figur verfassunggebender Gewalt).

Literatur zu Kapitel 7

Brandt, Reinhard, Rousseaus Philosophie der Gesellschaft, 1973.

Buchheim, Hans, Der neuzeitliche republikanische Staat, 2013.

Fetscher, Iring, Rousseaus politische Philosophie, 2. Aufl. 1975.

Forschner, Maximilian, Rousseau, 1977.

Frotscher, Werner/Pieroth, Bodo, Verfassungsgeschichte, 13. Aufl. 2014.

Gröschner, Rolf, Die Republik, in: Handbuch des Staatsrechts, Band 2, 3. Aufl. 2004, S. 369–428.

Ders., Der 9. November als Feiertag einer Freiheitsrevolution, in: *Ders./Reinhard, Wolfgang* (Hrsg.), Tage der Revolution – Feste der Nation, 2010, S. 261–288.

Ders., Reziprozität: Voraussetzung des Verfassungsstaates, in: Gedächtnisschrift für Winfried Brugger, 2013, S. 463–481.

Ders./Dierksmeier, Claus/Henkel, Michael/Wiehart, Alexander, Rechts-und Staatsphilosophie. Ein dogmenphilosophischer Dialog, 2000.

Hegel, Georg Wilhelm Friedrich, Grundlinien der Philosophie des Rechts, 1821, in: Werke, hrsg. von *Eva Moldenhauer* und *Karl Markus Michel*, Band 7, 1986.

Heller, Hermann, Staatslehre, bearbeitet von *Gerhart Niemeyer*, 6. Aufl. 1983.

Henkel, Michael, Hermann Hellers Theorie der Politik und des Staates, 2011.

Holmsten, Georg, Jean-Jacques Rousseau, 1972.

Kersting, Wolfgang, Jean-Jacques Rousseaus „Gesellschaftsvertrag", 2002.

Langewiesche, Dieter, Republik und Republikaner. Von der historischen Entwertung eines politischen Begriffs, 1983.

Lembcke, Oliver W., 14. Juli 1789 – Erfindung der Revolution, in: *Gröschner, Rolf/Reinhard, Wolfgang* (Hrsg.), Tage der Revolution – Feste der Nation, 2010, S. 93–114.

Mensching, Günther, Jean-Jacques Rousseau, 2000.

Rousseau, Jean-Jacques, Du Contrat Social. Vom Gesellschaftsvertrag, Französisch/Deutsch, herausgegeben von *Hans Brockard*, 2010.

Ders., Emil oder über die Erziehung, in neuer deutscher Fassung von *Ludwig Schmidts*, 7. Aufl. 1985.

Ders., Schriften zur Kulturkritik, Französisch/Deutsch, herausgegeben von *Kurt Weigand*, 1995.

Schmitt, Carl, Positionen und Begriffe, 2. Aufl. 1988.

Siep, Ludwig, Das Recht der Revolution – Kant, Fichte und Hegel über 1789, in: *Gröschner, Rolf/Reinhard, Wolfgang* (Hrsg.), Tage der Revolution – Feste der Nation, 2010, S. 115–144.

Sieyès, Emmanuel Joseph, Was ist der Dritte Stand?, hrsg. von *Oliver W. Lembcke* und *Florian Weber*, 2010.

Spaemann, Robert, Rousseau – Bürger ohne Vaterland, 1980.

Taureck, Bernhard H. F., Jean-Jacques Rousseau, 2009.

8. Wir sind in guter Verfassung

Geltung des Grundgesetzes
für das „gesamte Deutsche Volk"

Das am 23. Mai 1949 verkündete „Grundgesetz für die Bundesrepublik Deutschland" ist „mit Ablauf des Tages der Verkündung" in Kraft getreten (Artikel 145 Absatz 2). Unter „Ablauf" eines Tages verstehen Juristen 24:00 Uhr, unter „Anfang" 0:00 Uhr. Zwischen beiden Zeitpunkten liegt eine Spanne, die mit keiner Uhr der Welt zu messen ist: die „juristische Sekunde". Als fingierte Größe ist sie eine rechtswissenschaftlich notwendige Denkfigur zur strikten terminologischen Trennung zwischen dem Ende eines alten und dem Beginn eines neuen Tages. Das Inkrafttreten des Grundgesetzes „mit Ablauf" des Verkündungstages kann so sekundengenau auf 23. Mai 1949 um 24:00 Uhr festgelegt werden (weil nach dem scharfen Schnitt der gedachten Juristensekunde um 0:00 Uhr bereits der 24. Mai begonnen hatte). Ebenso exakt ist der Zeitpunkt bestimmbar, an dem die Geltung des Grundgesetzes in den Ländern Berlin, Brandenburg, Mecklenburg-Vorpommern, Sachsen, Sachsen-Anhalt und Thüringen nach Artikel 1 des Einigungsvertrages wirksam wurde: am 3. Oktober 1990 um 0:00 Uhr.

Von solcher Exaktheit weit entfernt ist die Redeweise vom „Beitritt der Deutschen Demokratischen Republik"

zur Bundesrepublik Deutschland, die der Einigungsvertrag wörtlich aus der Beitrittserklärung der Volkskammer vom 23. August 1990 übernommen hat – vielleicht
mit Blick auf befürchtete Befindlichkeitsstörungen im
Falle einer Korrektur durch „Besserwessis" (wie mancher
„Ossi" sie nannte). Wortlautgläubig und in geradezu unterwürfiger Anwendung des Ländereinführungsgesetzes
der DDR, das die Bildung der genannten Beitrittsländer
auf den 14. Oktober 1990 datiert hatte, heißt es in einem
Kommentar zum Einigungsvertrag: „jedenfalls für den
Zeitraum des DDR-internen föderativen Interregnums
vom 3. 10. bis 14. 10." sei „die DDR als Ganzes Gliedstaat
der Bundesrepublik Deutschland gewesen" (Stern 1990).
Dieses Ergebnis wird durch den Einigungsvertrag selbst
widerlegt, der das Datum des 3. Oktober an die Stelle des
14. Oktober treten ließ (Anlage II, Kapitel II A II). Ein
wie auch immer geartetes „Interregnum" hat es demnach
schon vertragsrechtlich nicht gegeben.

Darüber hinaus widerspricht es jeder staatsrechtlichen
Sensibilität, „die DDR", deren Opfer der Einigungsvertrag als solche des „SED-Unrechts-Regimes" bezeichnet
(Artikel 17), zwölf Tage lang „Gliedstaat" der Bundesrepublik Deutschland sein zu lassen. Ein Regime, das auf
„Republikflucht" mit Todesschüssen an der Mauer reagierte, hat jeden Anspruch auf Mitgliedschaft in einem
Rechtsstaat verwirkt. Dies durch den Begriff „Unrechtsstaat" zum Ausdruck zu bringen, ist sowohl juristisch als
auch politisch korrekt. Da der Begriff ausschließlich auf
staatlich begangenes Unrecht bezogen ist, bleibt privates
Leben begrifflich unberührt (was nur bei ideologischer
Blindheit übersehen werden kann). Rekonstruiert man
das Beitrittsgeschehen unter Rückgriff auf die erläuterte

rechtswissenschaftliche Denkfigur, lautet das Ergebnis
(in kollegialem Konsens namentlich mit Kilian 2003):
Als Staat ist die DDR in derselben juristischen Sekunde
untergegangen, in der die genannten Länder Gliedstaa-
ten der Bundesrepublik Deutschland geworden sind – im
fingierten Moment zwischen dem Ablauf des 2. Oktober
(24:00 Uhr) und dem Anfang des 3. Oktober 1990 (0:00
Uhr).

Hätte man das gedanklich durchaus dramatische Geschehen dieser fingierten Sekunde filmen können, wäre
der Film es wert, in Zeitlupe vorgeführt zu werden. Ge-
duldigen Betrachtern der Gedankenbilder würde nämlich klar, warum der Untergang der DDR Voraussetzung für den Länderbeitritt war: weil es sich um Länder handelte, deren Staatlichkeit durch die DDR beseitigt
worden war. Sie bestanden als geographische Einheiten
in der Rechtspersönlichkeit einer Gebietskörperschaft
fort (Sobota 1998 in Übereinstimmung mit dem Bundesverfassungsgericht), konnten als Staaten aber erst in
dem Moment wiedergegründet werden, in dem sie Teil-
staaten der Bundesrepublik Deutschland wurden – also
nicht zugleich Teil der DDR bleiben konnten. Das bedeutet: Nach besonnener Betrachtung der verlangsamten
Filmsequenz kann man die „gängige, aber irreführende
Rede" vom „Beitritt der DDR" (Dreier 2014) juristisch
nicht mehr akzeptieren; im Sprachspiel der Jurisprudenz
ist sie „unvertretbar".

Damit verlängert sich die Reihe unvertretbarer Redeweisen im Zusammenhang mit der Wiedervereinigung
um eine weitere: 1989 fand keine „Wende" statt, sondern
eine Revolution; die Revolution war nicht „friedlich",
sondern unblutig; sie blieb nicht „unvollendet", sondern

fand ihre Vollendung als Freiheitsrevolution zunächst in
der Befreiung vom Unrechtsregime der SED und dann
in der Herstellung der Deutschen Einheit. In der juristischen Sekunde der Wiedervereinigung ist mit der „Deutschen Demokratischen Republik" ein Staat untergegangen, der nichts vom Geist einer Republik im ideengeschichtlich gehaltvollen Sinne eines Freistaates hatte,
weil er nicht auf dem politischen Freiheitswillen seiner
Bürger beruhte. Ganz im Gegenteil: Ein derartiger Freiheitswille hat dem Ungeist der SED-Herrschaft in einer
republikanischen Revolution ein Ende bereitet. Die Genossen Generalsekretäre des Zentralkomitees der SED
waren keine gekrönten Häupter monarchischer Herrschaft; das genügt jedoch nicht, sie als Regierungschefs
einer Republik auszeichnen zu können. Eine solche Aus-
zeichnung wäre die Folge jener unvertretbar simplifizie-
renden Redeweise, gegen die das vorliegende Buch geschrieben wurde: „Republik" bedeute nichts weiter als
„keine Monarchie".

Ein Vierteljahrhundert nach Vollzug der Deutschen
Einheit braucht nicht mehr darüber diskutiert zu werden, warum der im letzten Artikel des Grundgesetzes
eröffnete Weg der Wiedervereinigung über ein Verfahren gesamtdeutscher Verfassunggebung (Artikel 146 alter Fassung) nicht beschritten und der Beitrittsweg gewählt wurde – ein Weg übrigens, auf dem am 1. Januar
1957 das bis dahin französische Saarland als „ein anderer
Teil Deutschlands" (Artikel 23 alter Fassung) zum Land
der Bundesrepublik Deutschland wurde (Vergleich der
Beitrittssituationen bei Fiedler 1990). Ungeachtet der politischen Motive stellt sich aber die Frage nach den verfassungsrechtlichen Konsequenzen: Ist die „verfassung-

gebende Gewalt", die aus der ursprünglichen Präambel des Grundgesetzes in die 1990 novellierte Fassung übernommen wurde, diejenige des „Deutschen Volkes" in der Gründungssekunde der Bundesrepublik Deutschland geblieben?

Verglichen mit den beiden bisher behandelten Verfahren der Verfassunggebung verdient der pouvoir constituant des damaligen westdeutschen Volkes volle verfassungsrechtliche Anerkennung – trotz der von den Alliierten vorgegebenen Prozeduren und Strukturen. Erstens war das Volk Westdeutschlands 1949 im Parlamentarischen Rat nicht weniger repräsentiert als das amerikanische Volk 1787 im Verfassungskonvent von Philadelphia (Kapitel 6) und das französische Volk 1789 in der Konstituierenden Nationalversammlung (Kapitel 7). Zweitens verfügte keine der drei konstituierenden Versammlungen über ein ausdrückliches Mandat zur Verfassunggebung. Und drittens wurde keine Verfassung mit einer Volksabstimmung verbunden (in Deutschland auch die Weimarer Verfassung nicht). Unvergleichbar ist dagegen die Formulierung, das westdeutsche Volk habe auch „für jene Deutschen gehandelt, denen mitzuwirken versagt war" (Präambel alter Fassung). Die Quelle verfassunggebender Rechtsschöpfung würde getrübt, wenn man dies im Sinne einer Stellvertretung des Volkes der DDR durch das Volk der „BRD" interpretierte. Auch die neu formulierte Präambel geht nicht von einer entsprechenden Vertretungsmacht aus. Vielmehr stellt sie klar, wie man sich das Verhältnis des ursprünglichen pouvoir constituant zum späteren Beitrittsgeschehen vorzustellen hat. Der Text ist es wert, in voller Länge zitiert und kommentiert zu werden.

„(1) Im Bewußtsein seiner Verantwortung vor Gott und den Menschen, von dem Willen beseelt, als gleichberechtigtes Glied in einem vereinten Europa dem Frieden der Welt zu dienen, hat sich das Deutsche Volk kraft seiner verfassunggebenden Gewalt dieses Grundgesetz gegeben. (2) Die Deutschen in den Ländern Baden-Württemberg, Bayern, Berlin, Brandenburg, Bremen, Hamburg, Hessen, Mecklenburg-Vorpommern, Niedersachsen, Nordrhein-Westfalen, Rheinland-Pfalz, Saarland, Sachsen, Sachsen-Anhalt, Schleswig-Holstein und Thüringen haben in freier Selbstbestimmung die Einheit und Freiheit Deutschlands vollendet. (3) Damit gilt dieses Grundgesetz für das gesamte Deutsche Volk."

Mit der „Verantwortung vor Gott" steht keine „invocatio Dei" am Anfang der Präambel: keine Anrufung einer Autorität höheren Ranges zur Rechtfertigung des pouvoir constituant. Das Deutsche Volk hat sich seine Verfassung nicht republikwidrig (Kapitel 1) im Namen Gottes gegeben, sondern im eigenen Namen. Die gewählte Formulierung stellt daher nur eine „nominatio Dei" dar (Czermak 1999). Sie nennt Gott beim Namen, gesteht einer außerweltlichen Glaubensmacht aber keinen Anteil am weltlichen Werk der Verfassunggebung zu. Gleichwohl ist die Nennung Gottes geeignet, eine Überhöhung der Verfassung zur vollkommenen Ordnung der Welt und die Überhebung des Volkes zu deren allmächtigem Vater zu verhindern. Die Bezeichnung der Verantwortungsformel als „Demutsformel" trifft diese „Warnung vor der Hybris menschlicher Herrschaftsausübung" ganz genau (Dreier 2013).

Das „Deutsche Volk" des ersten Satzes der Präambel darf nicht mit dem „Volke" verwechselt werden, von dem nach Artikel 20 Absatz 2 Satz 1 GG „alle Staatsgewalt ausgeht". Insoweit gehört es zur Grundausstattung des verfassungsrechtlichen Argumentationshaushalts, mit der aktuell gebliebenen Differenzierung des Abbé Sieyès zwischen der konstituierenden Gewalt des „pouvoir constituant" und den konstituierten Gewalten der „pouvoirs constitués" zu unterscheiden (Was ist der Dritte Stand?, Fünftes Kapitel): Jenes Volk, das „kraft seiner verfassunggebenden Gewalt" das Grundgesetz geschaffen hat, war Volk im politischen Sinne. Zum Volk im Rechtssinne aller Staatsangehörigen konnte es erst unter der selbstgegebenen Verfassung des Grundgesetzes werden – weil dort die Staatsangehörigkeit erst einmal zu definieren war (Artikel 116 GG). Als „politisches Volk" war es Subjekt der konstituierenden Gewalt im Singular, als „rechtliches Volk" wurde es zum Träger der konstituierten Gewalten im Plural (grundgesetzlich: der gesetzgebenden, vollziehenden und rechtsprechenden Gewalt).

In beiden Fällen von „Volkssouveränität" zu sprechen, ist verbreitet, aber verwirrend. Denn das Volk, von dem „alle Staatsgewalt" ausgeht, kann nur das rechtliche, durch Staatsangehörigkeit definierte Volk sein, das die Organe und Amtswalter dieser Staatsgewalt in verfassungsgemäßen Verfahren demokratisch legitimiert. Solche „Souveränität" des rechtlich organisierten Volkes ist etwas kategorial anderes als die „Autonomie" des politischen Volkes im Sinne der Präambel: einer im gemeinsamen Willen zu staatlicher Einheit verbundenen Menge von Menschen, die in einem historischen Moment ihrer Geschichte („constitutional moment": Ackerman 2000), in Gestalt einer originären Willens- und Wirkungsgemeinschaft repräsentiert durch eine verfassunggebende

Versammlung, rechtsetzende Wirkung erzeugt. Diese Wirkung vermittelt zwischen dem vor der Verfassung liegenden pouvoir constituant des politischen Volkes und den durch die Verfassung begründeten und begrenzten pouvoir constitués des rechtlichen Volkes.

Durch die betreffende Vermittlungsfunktion wird die verfassunggebende Gewalt zu einem „Grenzbegriff des Verfassungsrechts" (Böckenförde 1986; kritisch gegenüber einer Verklärung zum „Mythos" Isensee 1995). Auf der einen Seite der begrifflichen Grenze liegt die Autonomie des politischen Volkes, auf der anderen die Souveränität des rechtlichen Volkes. Jene ist republikanisch, diese demokratisch. Wer dies nicht auseinanderhält, negiert die Ideen- und Verfassungsgeschichte der beiden Prinzipien: Das alteuropäische Prinzip der Republik begründet die Legitimität einer freistaatlichen Ordnung, das neuzeitliche Prinzip der Demokratie die Legitimation staatlicher Gewalt. Die Differenz in den Endungen der Begriffe „Legitimität" und „Legitimation" ist klein, der Unterschied in ihrer historischen und systematischen Bedeutung kategorial (Vertiefung bei Schneider 2014). Wer die verfassunggebende Gewalt undifferenziert „demokratisch" nennt, trägt zur inflationären Verwendung des Wortes und damit zur Entwertung des Begriffs der Demokratie bei.

Auch der zweite Satz der Präambel gewinnt seinen verfassungsrechtlichen Wert nicht aus dem Demokratie-, sondern aus dem Republikprinzip: „Die Deutschen" haben die „Einheit und Freiheit Deutschlands" nicht in förmlichen Verfahren demokratischer Willensbildung – nach Artikel 20 Absatz 2 Satz 2 GG „in Wahlen und Abstimmungen" – vollendet, sondern als Herzensrepu-

blikaner im Geiste Rousseaus. Es ging nicht um das Ankreuzen eines Stimmzettels, sondern um die Verbreitung
einer Stimmung, genauer: einer Gleichgestimmtheit mit
entsprechender Grundschwingung „Wir sind *ein* Volk“:
WIR im Westen, die wir am 8. Mai 1945 befreit wurden und WIR im Osten, die wir uns am 9. November
1989 selbst befreit haben. Bilder aus den Tagen und Wochen nach der revolutionären Selbstbefreiung bestätigen
die Schwingung und den Schwung dieses gemeinsamen
Willens zur Einheit in Freiheit bis heute auf bewegende
Weise. Wer dafür keine Worte findet, sei auf die volonté
générale Rousseaus verwiesen (Kapitel 7, zu den griechischen und römischen Wurzeln Kapitel 5). Mit dem „beseelten“ Willen der Präambel verträgt sich ein „beherztes“ Eintreten für die Freistaatlichkeit einer wiedervereinigten Republik sachlich sehr gut und sprachlich sehr
schön.

Selbst ohne Rücksicht auf die alteuropäische Tradition
des Republikanismus wäre es unvertretbar, den in Satz 2
der Präambel verwendeten Begriff der Freiheit auf demokratische Verfahren der Partizipation zu beziehen – liegt
deren Sinn doch gerade in regelmäßiger Wiederholung.
Demokratische Freiheit im partizipatorischen Sinne einer Mitwirkung bei der „politischen Willensbildung des
Volkes“ (Artikel 21 Absatz 1 Satz 1 GG) kann ebensowenig „vollendet“ werden wie rechtsstaatliche Freiheit
im liberalen Sinne der Ausübung von Grund- und Menschenrechten. Beide Freiheitsarten leben von der Bereitschaft ihrer Träger, die eigenen Freiheitsrechte zu gebrauchen und immer wieder aufs neue einzusetzen. Eine subjektivrechtliche Interpretation „vollendeter Freiheit“ ist
daher prinzipiell zum Scheitern verurteilt. Sinnvoll er

scheint nur ihre objektivrechtliche Deutung. Und dafür
drängt sich das republikanische Prinzip der Freistaatlichkeit ideengeschichtlich, staatsphilosophisch und verfassungsrechtlich geradezu auf.

„Die Deutschen" des zweiten Satzes der Präambel sind
in dieser Deutung die Vermittler zwischen dem verfassunggebenden „Deutschen Volk" Westdeutschlands in
Satz 1 und dem „Deutschen Volk" Gesamtdeutschlands
in Satz 3. Republikanisch interpretiert, beziehen beide
Sätze sich auf das politische, nicht auf das rechtliche Volk.
Für Satz 1 ergibt sich dies aus dem oben erläuterten vorrechtlichen Charakter des pouvoir constituant, für Satz
3 wird es noch zu erläutern sein. Was „die Deutschen" in
Satz 2 betrifft, gibt die Grammatik des Plurals einen ge-
glückten Hinweis auf einen verfassungsrechtlich beacht-
lichen Befund: In ihrer grammatikalischen Mehrzahl
sind „die Deutschen" als Vollender ihrer Freistaatlichkeit Individuen mit „freier Selbstbestimmung" (Satz 2)
geblieben, ohne im Kollektivsingular „Volk" miteinander
verfassungsrechtlich verbunden zu werden. Ohne eine
solche Verbindung konnten sie in keiner Versammlung
repräsentiert sein und keine verfassunggebende Gewalt
ausüben. Mehrheitlich wirkten sie aber dennoch – um es
zu wiederholen – als Herzensrepublikaner an der Vollendung der Einheit in Freiheit mit.

Ebenfalls geglückt ist die alphabetische Aneinanderreihung der sechzehn Länder der Bundesrepublik
Deutschland ohne Unterscheidung zwischen „neuen"
und „alten" Ländern. Diese gern gebrauchte Bezeichnung verleitet dazu, „neu" mit „jung" zu verwechseln
und die Geschichte eines Landes vor seiner Wiedergrün-
dung 1990 zu vergessen. Thüringen beispielsweise ist

deutlich älter als die erst nach 1945 gegründeten Länder („alt" sind nur Bayern, Bremen, Hamburg und Sachsen). In seiner 1919 beginnenden republikanischen Verfassungsgeschichte hat es sich übrigens von jeher als „Freistaat Thüringen" bezeichnet (näher Gröschner 1997). Geglückt ist die Aufzählung nach dem Alphabet, weil das verfassungsrechtliche Alter der Länder und die geographische Lage im Osten oder Westen Deutschlands dafür bedeutungslos sind. In Anspielung auf das geflügelte Wort Willy Brandts könnte man sagen, die Aufzählung zeigt, daß im Alphabet der Länder bereits zusammengewachsen ist, was zusammengehört.

Satz 3 der Präambel – die Vorlage für den Untertitel dieses Kapitels: Geltung des Grundgesetzes für „das gesamte Deutsche Volk" – darf nun nicht so verstanden werden, als würde das Grundgesetz nur für Deutsche gelten. Denn selbstverständlich erstreckt sich seine Geltung auf alle, die deutscher Staatsgewalt unterliegen und sich in deren Herrschafts- und Schutzbereich aufhalten. Wenn man von der Frage ausgeht, auf die Satz 3 die Antwort gibt, ist der Satz sonnenklar. Die Frage lautet: Wie ist aus der verfassunggebenden Gewalt des westdeutschen Volkes (Satz 1) die Geltung des Grundgesetzes für das gesamte Volk in West- und Ostdeutschland geworden (Satz 3)? Es waren „die Deutschen" des Satzes 2, die diese Vermittlungsleistung vollendet haben. Insofern ist das ganz unscheinbare erste Wörtchen des Satzes 3 sehr vielsagend: „Damit" – mit Vollendung der Einheit und Freiheit Deutschlands durch die Deutschen in den aufgezählten Ländern – gilt das Grundgesetz für das gesamte Deutsche Volk.

Dieses „Damit" ermöglicht auch die noch ausstehende Begründung, warum das „gesamte Deutsche Volk" in Satz 3 der Präambel nicht das rechtliche Volk im Sinne des „Souveränitäts"-Artikels (20 Absatz 2 Satz 1 GG) sein kann: Wie bereits betont, haben „die Deutschen" des zweiten Satzes zwischen dem westdeutschen Volk des ersten und dem gesamtdeutschen Volk des dritten Satzes nicht in rechtsförmigen Verfahren demokratischer Mehrheitsbildung vermittelt; und die Präambel nutzte die betreffende politische Vermittlung, um eine Brücke zwischen beiden Sätzen zu bauen. Im Ergebnis nehmen alle drei Sätze der Präambel nicht auf das rechtliche Volk im demokratischen Sinne Bezug, sondern auf das politische Volk im republikanischen Sinne. Kein Wunder: Der Vorspruch einer Verfassung bezweckt keine unmittelbare Rechtswirkung; sein normativer Sinn entfaltet sich vielmehr mittelbar über die Interpretation der in der Präambel enthaltenen politischen Erklärungen zu den Motiven des Verfassunggebers und zum Geist der Verfassung (grundlegend Häberle 1982).

Mit Blick auf die Kapitelüberschrift „Wir sind in guter Verfassung" ist nach all dem folgendes festzuhalten: Wie der Begriff des Volkes hat auch der Begriff der Verfassung eine Doppelbedeutung: Verfassung, in der ein Volk politisch „ist" und Verfassung, die es rechtlich „hat". Auch und gerade Verfassungsvorsprüche leben vom Verweisungszusammenhang zwischen „Verfassung" als politischem Selbstverständnis eines Volkes und „Verfassung" als rechtlicher Grundordnung seines Gemeinwesens. Diese „wechselseitige Verwiesenheit von realer und normativer Verfassung" (Isensee 2004) – etwas poetischer: von gelebter und geschriebener Verfassung – ist Wirk-

samkeitsvoraussetzung einer Verfassung während der gesamten Zeit ihrer Gültigkeit. Das Potential verfassunggebender Gewalt wird also nicht etwa in einer einzigen
juristischen Sekunde verbraucht, sondern im Geltungsanspruch der Verfassung „gleichsam auf Dauer gestellt"
(Volkmann 2013).

Ihre „Verantwortung vor den Menschen" haben die
Mitglieder des Parlamentarischen Rates 1949 vor dem
Horizont der Zukunft erklärt und selbstverständlich auf
zukünftige Generationen erstreckt. Ebenso selbstverständlich war „das gesamte Deutsche Volk" 1990 nicht
auf die Gegenwart des betreffenden Jahres beschränkt.
Das bedeutet: In guter Verfassung zu „sein", beschreibt
keinen statischen Zustand, sondern eine dynamische Praxis öffentlichen Lebens, republiktheoretisch am besten zu
erfassen im gewohnten „WIR" einer Verfassungsgemein-
schaft. Für das Gelingen dieses Gemeinschaftslebens
– die aristotelische „eudaimonia" – gibt es keine Garantie.
Es besteht aber desto höhere Aussicht auf Befolgung und
Billigung der geschriebenen Verfassung, je mehr sie mit
der gelebten Verfassung übereinstimmt. Wird die Kluft
zwischen beiden unüberbrückbar, hat das politische Volk
das Potential zur Revolution. Der 9. November 1989 ist
der Beweis.

Vor diesem historischen Hintergrund zeugt die Festlegung des Deutschen Nationalfeiertags durch den Einigungsvertrag weder von verfassungsrechtlicher Kompetenz noch von politischer Klugheit. Artikel 2 Absatz 2
lautet: „Der 3. Oktober ist als Tag der Deutschen Einheit
gesetzlicher Feiertag." Aufgrund formaler Zustimmung
des Bundestages ist diese Regelung am Tag der Wiedervereinigung geltendes Bundesrecht geworden – ohne par-

lamentarische Debatte und daher auch ohne öffentliche Diskussion über den 9. November. Unabhängig vom Ergebnis einer Auseinandersetzung mit der Ambivalenz dieses Datums (Kapitel 4) gibt es gegen die erschlichene, stillschweigend in Anspruch genommene Feiertagskompetenz des Bundes schwerwiegende staatsrechtliche und staatsphilosophische Bedenken. Sie können hier nicht im Detail wiederholt werden (eingehend Gröschner 1993). Das zugrundeliegende Prinzip sei aber nochmals ausdrücklich bekräftigt: Feiertagsrecht ist Ländersache. Nicht nur die landesspezifischen, sondern auch die im gesamten Bundesgebiet geltenden Feiertage sind daher ausschließlich in den Feiertagsgesetzen der Länder geregelt – mit Ausnahme des „oktroyierten Dritten Oktober" (so der Titel des 1993 publizierten Aufsatzes).

Wie schon sein Name in aller Deutlichkeit sagt, ist der „Nationalfeiertag" ein Feiertag der „Nation" und damit in deutscher Tradition und Terminologie ein Tag des „Volkes". Weil er kein Bundesfeiertag und erst recht kein Regierungsfeiertag ist, hätte der Bundestag die Parlamente der Länder an der Entscheidung über den Tag der Deutschen Einheit beteiligen müssen. Schließlich sind die gewählten Abgeordneten der Landtage die Repräsentanten jener „Deutschen in den Ländern", auf die der zweite Satz der Präambel die Vollendung der Einheit zurückführt. Sie bei der Bestimmung ihres Nationalfeiertags übergangen und dem politischen Volk deutscher Nation ein Mitbestimmungsrecht verweigert zu haben, war eine verfassungsrechtliche Fehlentscheidung und gegenüber den Deutschen in den ostdeutschen Ländern ein politischer Affront. Ein renommierter Historiker hat sich nicht gescheut, dies unverblümt zu kritisieren: Der 3. Oktober feiert das „diplomatische Geschick" Helmut Kohls und Wolfgang Schäubles. „Das heißt, er feiert einen Sieg des Westens! […] Der 9. November hingegen feiert einen Sieg des Ostens, der vom Westen nur vollendet werden mußte" (Reinhard 2010). Das ist die historische Wahrheit – ob man sie polemisch formuliert findet oder nicht.

Literatur zu Kapitel 8

Ackerman, Bruce, We the People. Transformations, 2000.

Böckenförde, Ernst-Wolfgang, Die verfassunggebende Gewalt des Volkes – Ein Grenzbegriff des Verfassungsrechts, 1986.

Czermak, Gerhard, „Gott" im Grundgesetz?, in: Neue Juristische Wochenschrift 1999, S. 1300–1303.

Dreier, Horst, Präambel, in: *Ders.* (Hrsg.), Grundgesetz-Kommentar, Band 1, 3. Aufl. 2013, S. 1–41.

Ders., Idee und Gestalt des freiheitlichen Verfassungsstaates, 2014.

Fiedler, Wilfried, Die Rückgliederungen des Saarlandes an Deutschland, in: Juristenzeitung 1990, S. 668–675.

Gröschner, Rolf, Der oktroyierte Dritte Oktober. Staatsrechtliche und staatsphilosophische Gründe für die Streichung eines von oben verordneten Feiertags, in: Kritische Vierteljahresschrift für Gesetzgebung und Rechtswissenschaft 1993, S. 360–366.

Ders., Res Publica Thuringorum. Über die Freistaatlichkeit Thüringens, in: Thüringer Verwaltungsblätter 1997, S. 25–27.

Ders., Präambel, in: *Linck, Joachim et al.* (Hrsg.), Die Verfassung des Freistaats Thüringen, 2013, S. 143–154.

Häberle, Peter, Präambeln im Text und Kontext von Verfassungen, in: Festschrift für Johannes Broermann, 1982, S. 211–249.

Isensee, Josef, Das Volk als Grund der Verfassung, 1995.

Ders., Staat und Verfassung, in: Handbuch des Staatsrechts, Band II, 3. Aufl. 2004, S. 3–106.

Kilian, *Michael*, Der Vorgang der deutschen Wiedervereinigung, in: Handbuch des Staatsrechts, Band I, 3. Aufl. 2003, S. 597–667.

Reinhard, *Wolfgang*, Die wünschenswerte Ambivalenz historischer Nationalfeiertage, in: *Gröschner*, *Rolf/Reinhard*, *Wolfgang* (Hrsg.), Tage der Revolution – Feste der Nation, 2010, S. 253–260.

Schneider, *Hans-Peter*, Verfassunggebende Gewalt, in: Handbuch des Staatsrechts, Band XII, 3. Aufl. 2014, S. 53–84.

Sieyès, *Emmanuel Joseph*, Was ist der Dritte Stand?, hrsg. von *Oliver W. Lembcke* und *Florian Weber*, 2010.

Sobota, *Katharina*, Wie neu sind die neuen Bundesländer?, in: Der Staat 37 (1998), S. 57–74.

Stern, *Klaus*, Die Wiederherstellung der staatlichen Einheit, in: *Ders.*, Verträge und Rechtsakte zur Deutschen Einheit, Band II, 1990.

Volkmann, *Uwe*, Grundzüge einer Verfassungslehre der Bundesrepublik Deutschland, 2013.

9. Unsere Würde ist unantastbar

Subjektivität und Solidarität als Vermächtnisse der Renaissance

„Die Würde des Menschen ist unantastbar": So schön schlicht – und schlicht schön – der erste Satz des Grundgesetzes formuliert ist, so schwer ist er zu interpretieren. Wie in Stein gemeißelt und entsprechend gewichtig, in seiner lapidaren Formulierung aber auch zur Verkürzung verleitend, stellt der Eingangssatz unserer Verfassung eine Herausforderung für jeden Verfassungsinterpreten dar; genauer gesagt: für jeden Interpreten der Verfassung, dessen Interesse sich nicht in der Wiederholung von Rechtsprechungsformeln erschöpft. Zwei Formeln sind es, die das Bundesverfassungsgericht in seiner Judikatur zur Menschenwürde bevorzugt verwendet: die „Objektformel", nach der Artikel 1 Absatz 1 GG verbietet, Menschen zum bloßen Objekt staatlicher Gewalt zu machen und die Formel, Achtung und Schutz der Menschenwürde gehören zu den „Konstitutionsprinzipien des Grundgesetzes". Die verbreitete Annahme, die Objektformel lasse sich auf Kant zurückführen, verkennt ihre Herkunft aus der Theologie christlichen Naturrechts (Neumann 2013). Außerdem verlangt die zweite Formel zunächst eine Antwort auf die Frage, ob Glau-

benslehren überhaupt geeignet sind, die Basis des grundgesetzlichen Würdebegriffs zu bilden.

Die Menschenwürde nicht nur als „Verfassungsprinzip" zu bezeichnen wie die Prinzipien des föderalen, demokratischen und sozialen Rechtsstaates (Artikel 20
GG), sondern darüber hinaus als „Konstitutionsprinzip", bedeutet, ihr gegenüber den anderen Prinzipien einen konstituierenden, die Verfassung fundierenden Status zuzusprechen. Sie mit dem Bundesverfassungsgericht
zu „den" Konstitutionsprinzipien im Plural zu zählen,
heißt, mindestens ein weiteres konstituierendes Prinzip
anzuerkennen, das geeignet ist, zusammen mit der Menschenwürde als tragendes Fundament des grundgesetzlichen Verfassungsstaates zu fungieren. Vor dem Horizont der bisher geschilderten Begriffs-, Ideen- und Verfassungsgeschichte ist dies das Konstitutionsprinzip der
Republik. Erst beide Prinzipien zusammen fundieren die
freiheitliche Ordnung des Grundgesetzes: Das Republikprinzip fundiert die politische Freiheit aller, das Würde-
prinzip die persönliche Freiheit aller Einzelnen (Grösch-
ner/Lembcke 2005. Näheres im nächsten Kapitel).

Was die Fundierungsleistung des Würdeprinzips betrifft, weist ein bekanntes Wort von Theodor Heuss den
Weg. Der spätere erste Bundespräsident hat den Eingangssatz des Grundgesetzes im Parlamentarischen Rat
eine „nicht interpretierte These" genannt (Heuss 1948).
Man darf davon ausgehen, daß er wußte, was er sagte und
was die Verfassungseltern mehrheitlich meinten. Sie woll-
ten eine unmittelbar einleuchtende und deshalb konsens-
fähige Auffassung vom Wesen des Menschen formulieren,
die sie voraussetzen konnten, ohne sie begründen zu müssen. Die Absicht war also keine andere als bei der Formu-

lierung der Eingangspassage der Amerikanischen Unabhängigkeitserklärung „We hold these truths to be self-evident" (Kapitel 6). Was Thomas Jefferson mit der genialen
Wortschöpfung „self-evident" gelungen war, nahm Theodor Heuss für den Parlamentarischen Rat stillschweigend
in Anspruch – konkludent, aber kongenial.

Die Wissenschaftstheorie nennt Setzungen, die auf
Evidenz beruhen und weder beweisfähig noch beweis-
bedürftig sind, „Axiome". Brauchen sie auch nicht be-
wiesen zu werden, müssen sie sich doch bewähren. Die
Bewährung erfolgt nach Maßgabe der Rationalität des jeweiligen Wissenschaftssystems, in einem System wie dem
der Jurisprudenz nach praktischer Vernunft. So verhält
es sich auch mit der quasi axiomatisch zu verstehenden
und in rechtswissenschaftlicher Systembildung zu be-
währenden These von der Menschenwürde als Voraussetzung einer durch sie konstituierten Verfassungsordnung. Nur „quasi axiomatisch" wird sie genannt, weil
sich die Würde nicht nach Art der Geometrie zu bewähren hat (wie das Axiom einer Winkelsumme des Dreiecks
von 180 Grad), sondern nach den Klugheitsregeln juristischer Vernunft. Diese Vernunft rechnet nicht, sondern
wägt ab – mit einer Waage, die wegen des dialogischen
Charakters der Jurisprudenz notwendig zwei Waagscha-
len hat. Wenn dies auch für die Würde von (Flugzeug-)
Entführern auf der einen und ihrer Opfer auf der anderen Seite gelten soll, kann „unantastbar" in Artikel 1 GG
nicht „unabwägbar" bedeuten (eingehende Erörterung
der Entführungskonstellation in Kapitel 12).

Das 1949 in der Verfassung verankerte Konstitutionsprinzip der Würde war historisch notwendig und systematisch zwingend „nicht interpretiert", weil die Interpre-

tation im Sinne eines weltanschaulichen oder religiösen Bekenntnisses den angestrebten Grundkonsens der Verfassungseltern verhindert und gegen die betreffende Neutralität der neu zu verfassenden Republik verstoßen hätte. Ein solches Neutralitätsgebot gilt allerdings ausschließlich für den Staat; durch das Verbot der inhaltlichen Festlegung eines staatlicherseits bestimmten Würdebegriffs will es eine Würde garantieren, die – so nochmals Heuss – „der Eine theologisch, der Andere philosophisch, der Dritte ethisch auffassen kann". Der Einzelne darf sich also durchaus bekennen: zur Theologie des Satzes „Gott schuf den Menschen nach seinem Bilde" (Christentum) oder zur Philosophie des Gegen-Satzes „Der Mensch schuf Gott nach seinem Bilde" (Feuerbach), zur Soziologie einer Würde durch eigene Leistung (Luhmann 1986) oder zur Ethik eines wechselseitigen Würdeversprechens (Hofmann 1993). Nur der neutrale Staat des Grundgesetzes hat sich solcher Bekenntnisse zu enthalten.

Artikel 1 Absatz 1 GG besteht aus zwei Sätzen. Der zweite bezieht sich auf die im ersten Satz als „unantastbar" vorausgesetzte Würde und erklärt: „Sie zu achten und zu schützen ist Verpflichtung aller staatlichen Gewalt." Wenn die verfassungsrechtliche Diagnose nicht auf die Feststellung eines Widerspruchs zwischen Satz 1 und Satz 2 hinauslaufen soll – was tatsächlich unantastbar ist, kann keinem rechtlichen Schutz gegen Antastung unterstellt werden –, muß die Konsequenz in der Konzeption einer „doppelten Menschenwürde" liegen (Lembcke 2005): Die „Würde" des ersten Satzes liegt der Verfassung voraus; sie wird als konstituierendes Prinzip quasi axiomatisch gesetzt und braucht in ihrer Herkunft nicht begründet zu werden. Die „Würde" des zweiten Satzes nimmt darauf Bezug, transformiert den vorrechtlichen Geltungsanspruch aber in einen rechtlichen Achtungs- und Schutzanspruch.

In einer solchen Konzeption verlangt der jeweils eigene Sinn der beiden Würdesätze – den man durchaus ernst- haft ihren „Eigensinn" nennen kann – eine doppelte Nor- mativität des Artikels 1 Absatz 1 GG: Satz 1 betrifft die „dignité constituante" in ihrer dem Recht vorausliegen- den, appellativen Normativität, Satz 2 die „dignité consti- tueé" in ihrer rechtsverbindlichen Normativität. Würde und Würdeschutz sind dann die beiden Momente eines insgesamt normativen, in der normativen Qualität aber abgestuften Würdeprinzips. „Verfassungsprinzip" ist die Menschenwürde daher ebenfalls in doppeltem Sinne: als konstituierendes Prinzip ist sie vorrechtliches, als kon- stituiertes Prinzip rechtliches Basisprinzip des Grundge- setzes (ähnlich Hofmann 1993 mit berechtigter Betonung der „Staatsgründungsfunktion" des Würdeprinzips. Diese Funktion ist auch der Grund für die begriffliche Anleihe beim Prinzip des „pouvoir constituant").

Wie die Würde des zweiten Satzes „zu achten und zu schützen" ist, hat die Rechtswissenschaft in kritischer Auseinandersetzung mit der Rechtsprechung zu beant- worten. Wie aber ist die „nicht interpretierte These" des ersten Satzes zu interpretieren? Diese paradox anmutende Frage führt in keinen unauflösbaren Widerspruch, wenn man den Axiom-Vergleich konsequent zu Ende denkt: Die axiomatische Setzung von „180 Grad" als Summe der Innenwinkel eines Dreiecks befreit von der Begrün- dung dieser Zahl, aber nicht von ihrer Bewährung bei der Konstruktion aller denkbaren Dreiecke. In vergleichba- rer Weise hat sich die Wahl des Würdebegriffs zwar in allen Fällen entwürdigender Behandlung von Menschen zu bewähren – nach der Objektformel bei Mißachtung ihrer Subjektstellung –, die quasi axiomatische These der Subjektstellung selbst bedarf aber keiner Begründung. Genauer: Sie darf mit keiner Begründung versehen werden, die gegen das Gebot religiöser und weltanschaulicher Neutralität der grundgesetzlichen Republik verstößt. Fragt sich nur, welche Position einerseits anspruchsvoll genug ist, um den Würdebegriff des Grundgesetzes philosophisch fundieren zu können und andererseits neutral genug, um die Bedingung einer „nicht interpretierten These" zu erfüllen.

Der Untertitel des vorliegenden Kapitels gibt die Antwort: „Subjektivität und Solidarität" erfüllen als ideengeschichtliche Vermächtnisse der Neuzeit beide Voraussetzungen. So problematisch „die" Neuzeit als Epochenbezeichnung sein mag, so sicher beginnt die neuzeitliche Ideengeschichte der Menschenwürde mit den Humanisten der italienischen Renaissance (Gröschner et al., 2008). Trotz vieler Varianten, die im Philosophieren dieser Zeit vertreten wurden, ist der Gedanke der Subjektivität als leuchtende Leitidee identifizierbar, die das Freiheitsverständnis der Renaissancehumanisten auf den Begriff bringt. Während die Solidarität aus der antiken Anthropologie der Sozialität in renaissancetypischer Weise wiedergeboren wurde, ist die Subjektivität im besten Sinne des Wortes „erfunden" worden. Denn die Stellung des Menschen in der Welt war zu keiner Zeit vorher in so prinzipieller Weise als Subjektstellung denkbar. Im Rückgriff auf diese ohne Übertreibung epochal zu nennende Erfindung der „dignitas hominis" – die zur Sammelbezeichnung für eine ganze Literaturgattung wurde –, liegt der Anspruch der betreffenden Konzeption. Ihre Neutralität ist das Ergebnis eines Neubeginns, der es wagte, das theologische Dogma der Erbsünde im philosophischen Namen der Freiheit in Frage zu stellen.

Der Klassikertext jener ingeniösen Geburt der Freiheit aus dem Geiste der Renaissance ist eine Rede über die Würde des Menschen (Oratio de hominis dignitate), die kein geringerer als Jacob Burckhardt eines der „edelsten Vermächtnisse" der Renaissance genannt hat (Burckhardt 1988). Ihr Autor, Pico della Mirandola (1463 bis 1494), hatte den Text als Eröffnungsrede einer Disputation geplant, in der seine philosophischen Thesen öffentlich debattiert werden sollten. Die geplante Großveranstaltung in Rom scheiterte jedoch an Papst Innozenz VIII., der Picos Philosophie der Würde als kirchenfeindliche Ketzerei verurteilte. Die Rede (die nach dem frühen Tod des Autors erstmals 1496 veröffentlicht wurde) beginnt mit einem Lektürebericht zum Thema „Wunder des Menschen". Als größtes Wunder wird eine Eigenschaft gepriesen, die der „höchste Künstler" – eine für die Renaissance charakteristische Umschreibung Gottes – dem Menschen mitgegeben habe: schöpferischer Bildner und Gestalter („plastes et fictor") seiner selbst zu sein (Buck 1990).

Durch die Verwendung der rhetorischen Figur eines Hendiadyoin (griechisch für „eins durch zwei": Verstärkung eines Begriffs durch Gebrauch zweier Wörter wie bei „Grund und Boden", „Haus und Hof" oder „angst und bange") ist Picos Würdeformel zu einem Stück philosophischer Weltliteratur geworden: Das griechische Lehnwort „plastes", das wörtlich den Hersteller einer „Plastik", begrifflich aber den bildenden Künstler ganz allgemein bezeichnet, wird durch Hinzufügung des latei-

nischen Wortes „fictor" – das die gleiche Bedeutung wie
„plastes" hat – zum bedeutungsverstärkenden Hendiadyoin. Dem Menschen wird auf diese stilistisch so schöne
Art und Weise (ebenfalls ein Hendiadyoin, das aber selten
als solches bemerkt wird) die schöpferische Potenz verliehen, sich selbst zu der Gestalt zu formen beziehungs-
weise in die Form zu gestalten („in formam effingere"),
die er bevorzugt. Wenn man das heute etwas abgegriffene
Wort „Lebenskünstler" mit dem vollen ideengeschichtlichen Gehalt des Bildungsideals der damaligen Zeit anrei-
chert, kann man sagen: Es ist der Keim der Lebenskunst,
der in Picos „dignitas" angelegt ist.

Trotz ihrer literarischen Leichtigkeit nimmt Picos
Würdekonzeption eine Grundthese der Aufklärungs-
philosophie vorweg: Wir Menschen sind frei geboren,
„damit wir das werden, was wir sein wollen" („ut simus,
quod esse volumus"). Das unspezifisch verwendete Ver-
bum „wollen" (velle) besagt ohne jede Festlegung auf die
Herkunft des Vermögens, etwas wollen zu können: Die
würdevolle Freiheit des Menschen liegt in der Potenz,
sich nach eigenem Willen zu bilden (Lembcke 2008). Damit beginnt eine freiheitsphilosophische Traditionslinie,
die über Rousseaus emphatische These „L'homme est né
libre" (Contrat Social, I 1) zu Kants Prinzip der „angebornen Freiheit" führt (Metaphysik der Sitten, Einleitung in die Rechtslehre) und von dort zu Hegels „Fortschritt im Bewußtsein der Freiheit" (Philosophie der Geschichte, Einleitung) – bei aller Unterschiedlichkeit der
philosophischen Systeme. Im Vergleich dieser Systeme ist
Picos Position der „dignitas hominis" am wenigsten „interpretiert". Das Christentum bleibt zwar hintergründig
präsent, wird aber nicht im kirchlichen Gewand präsen-

tiert. Ganz im Gegenteil: Das päpstliche Urteil der Ketzerei erhebt Pico in den Rang eines freiheitsphilosophischen Aufklärers.

Ob man zur Charakterisierung seiner Position mit den Renaissancehumanisten von Selbst-Bildung spricht, im Sinne des grundgesetzlichen Persönlichkeitsrechts von Selbst-Entfaltung, mit emanzipatorischen Bewegungen von Selbst-Verwirklichung oder in traditioneller Terminologie von Selbst-Bestimmung, macht im Prinzip keinen Unterschied. Prinzipiell geht es in all diesen Redeweisen um Anerkennung der Subjektqualität des Menschen mit Selbst-Bewußtsein, Selbst-Verständnis und Selbst-Verantwortung. Philosophische Bedingung jener „Selbst"-Festlegungen ist die Zuschreibung der Fähigkeit, frei zu sein, das heißt: über das Vermögen zu verfügen, sein Leben nach eigenem Entwurf zu gestalten, kurz über „Entwurfsvermögen" (Gröschner 1995). Epochal war diese philosophische Zuschreibung einer rein potentiell bestimmten Fähigkeit freier Lebensgestaltung in ihrem systematischen Bruch mit der Anthropologie des Mittelalters. Während die mittelalterliche „miseria hominis" dem Menschen vorspiegelte, seit dem Sündenfall aus eigener Kraft kein gelingendes Leben mehr führen zu können, sondern dafür auf göttliche Gnade angewiesen zu sein, vermittelt durch ein Leben nach den Lehren der Kirche, findet sich bei Pico – wie gesagt: ketzerischer Art und Weise – von Erbsünde kein Wort.

Das Vermächtnis der „dignitas hominis" besteht darin, den Menschen von der schier unglaublichen theologischen Last der Erbsünde befreit, ihm damit aber auch die philosophische Verantwortung für sein Leben übertragen zu haben. Grundlage dieser Verantwortung war für Pico eine basale Ambivalenz des Menschseins: die Möglichkeit, zum Niedrigsten zu entarten (degenerare) oder zum Höchsten erneuert zu werden (regenerari). Pico spielt in der betreffenden Passage rhetorisch brillant mit dem Wortstamm „genus" (Gattung) und dem Auf- oder Abstieg in einem „de-generativen" oder „re-generativen" Lebensentwurf. Wie tief der einzelne Mensch auch immer sinken mag: seine dignitas verliert er nie – weil sie ihm als Mitglied der Gattung Mensch zukommt. Und weil sie ihm in der Potenz eines Entwurfsvermögens zugesprochen wird, kann sie auch nicht angetastet werden. Der Eingangssatz des Grundgesetzes will in dieser Tradition beim Wort genommen werden: Die Würde des Menschen „ist unantastbar". Wie sollte ein Vermögen, das nur im Modus der Potentialität existiert, antastbar sein?

In diesem philosophisch konstitutiven Modus als „potentia" und nicht als „actus" (als „dynamis" und nicht als „energeia": Aristoteles, Metaphysik, Buch 9) ist Entwurfsvermögen kein empirischer Befund, den man mit den Mitteln moderner Naturwissenschaft beweisen oder bestreiten könnte – auch nicht in den bildgebenden Verfahren der Computertomographie nach den Versuchsanordnungen von Neurobiologen, die damit die Existenz eines freien Willens widerlegen möchten (überzeugende philosophische Kritik bei Fuchs 2009 und Werth 2015). Rechtsphilosophisch ist das betreffende Vermögen eine unbedingt notwendige Unterstellung für den Status des Menschen als Rechtsperson (kantisch gesprochen als reine oder transzendentale Idee), ohne die das gesamte Recht eines Freistaates buchstäblich hinfällig würde. Wer nicht die Freiheit hätte, sich selbst zu entwerfen, könnte keine privatrechtlichen Verträge schließen, keine poli-

zeirechtliche Verantwortung als Störer und keine strafrechtliche Schuld als Täter auf sich nehmen. Die „quasi
axiomatische Setzung" der Würde als Entwurfsvermögen
bewährt sich so innerhalb des gesamten Rechtssystems,
das durch den ersten Satz des Grundgesetzes konstituiert
wird. Offen bleibt, woher das Vermögen stammt, damit
der Einzelne sich insoweit selbst entscheiden kann.

Innerhalb des Grundgesetzes ist der Würdesatz die
konstitutive Voraussetzung für die nachfolgenden Sätze,
Absätze und Artikel des Ersten Abschnitts: die Verpflichtung aller staatlichen Gewalt zu Achtung und
Schutz der Menschenwürde (Satz 2), das Bekenntnis zu
den Menschenrechten (Absatz 2) und die Bindung der
drei Staatsgewalten an die Grundrechte (Absatz 3) – vom
allgemeinen Persönlichkeitsrecht (Artikel 2 Absatz 1) bis
zur Garantie gerichtlichen Rechtsschutzes (Artikel 19
Absatz 4). Als quasi axiomatische Setzung hat der erste
Verfassungssatz eine andere Normqualität als alle anderen Sätze des Grundgesetzes. In der Konzeption des Entwurfsvermögens enthält er einen humanistischen Appell,
Picos Vermächtnis zu erfüllen und das Vermögen je eigener Entwürfe als Grundlage gemeinsamen Lebens in
der freiheitlichen Ordnung des Grundgesetzes anzuerkennen. Im Kern bedeutet dies die verfassungsrechtliche
Anerkennung der „Subjektivität als objektives Prinzip"
(Lembcke 2005). Als solches garantiert es dem Einzelnen ein „Recht auf Rechte" (Enders 1997), das in den
Freiheits-, Gleichheits- und Mitwirkungsrechten des gesamten Grundrechtsabschnitts konkretisiert und in der
Rechtsprechung des Bundesverfassungsgerichts verbindlich interpretiert wird.

Zum vollen Verständnis der Normstruktur des Würdeprinzips fehlt noch eine letzte Differenzierung: diejenige zwischen „Entwurfsvermögen" und „Entwurfskompetenz". Das Grundgesetz kann die Würde ausschließlich als Gattungswürde und nur im Modus der Potentialität des Entwurfsvermögens garantieren. Für den Erwerb der Kompetenz, das generelle Vermögen in aktuelle Handlungen zur individuellen Gestaltung eines gelingenden Lebens umzusetzen, gibt es dagegen keine staatliche Garantie. Die gern gebrauchte Formel von der „Würdegarantie des Grundgesetzes" kann deshalb philosophisch nur unter Vorbehalt Verwendung finden: Sie ist der dignité constituante des ersten Satzes vorbehalten. Die konstituierende Funktion dieser Würde wird gerade durch die Garantie erfüllt, jedem Mitglied der Gattung Mensch als definitiv unantastbar zugesprochen zu werden. Eben diese – aber auch nur diese – Garantie gilt absolut, also losgelöst von jeder Aktualisierung individueller Entwurfskompetenz. Und nur in ihrem Rahmen bedeutet „unantastbar" auch „unabwägbar".

Die dignité constituée des zweiten Satzes ist von kategorial anderer Art: Als Bezugsgröße staatlicher Achtungs- und Schutzpflichten beansprucht sie Geltung in Rechtsverhältnissen zwischen Staat und Bürgern, in denen die staatliche Gewalt es mit Rechtssubjekten zu tun hat, die ihre Subjektivität höchst individuell und ihre Entwurfskompetenz sehr persönlich zur Geltung bringen. Der absolute Geltungsanspruch der Gattungswürde wird dadurch in einer für das Recht charakteristischen Weise relativiert: in Relationen zwischen Rechtssubjekten eingebunden, in denen es immer und überall auf eine Abwägung kollidierender Rechte- und Pflichtenpositionen ankommt. Dem Opfer einer Geiselnahme kann deshalb nicht entgegengehalten werden, die Würde des Geiselnehmers verbiete dessen Tötung. Im Gegenteil: Die Abwägung gebietet in solchen Fällen als ultima ratio einen gezielten Todesschuß, der das Leben und die Würde des Opfers erhält (Übertragung dieser Figur des „lebensrettenden Todesschusses" auf Entführungsfälle in Kapitel 12). Um den Unterschied zwischen den beiden Arten der Doppelwürde des Artikels 1 GG ein letztes Mal zu betonen: Als Mitglied der Menschengattung (nach Satz 1) haben auch Verbrecher eine absolut geltende, unantastbare und unabwägbare Würde, als Rechtssubjekte (nach Satz 2) müssen sie aber deren Relativierung hinnehmen, wenn der Schutz der Würde ihrer Opfer dies im Einzelfall zwingend erfordert.

„Entwurfsvermögen" steht im vorliegenden Verständniszusammenhang für Subjektivität, „Entwurfskompetenz" für Solidarität – im juristischen Sinne selbstverständlicher Mit-Menschlichkeit von Rechtssubjekten. In Kategorien der Grammatik ausgedrückt, hat die Subjektivität des Entwurfsvermögens eine „reflexive" Struktur: Das Subjekt wird mit dem „Reflexivpronomen" auf „sich" selbst als Mitglied der Menschengattung zurückbezogen. Die Struktur der Solidarität ist dagegen „reziprok": Die Subjekte werden hier als Rechtssubjekte in Rechtsverhältnissen mit dem „Reziprokpronomen" auf „einander" bezogen und mit „einander" in Beziehung gebracht. Die immer seltener werdende Verwendung des Wörtchens „einander" im gesprochenen und geschriebenen Deutsch könnte insofern nicht nur ein bedauerliches Zeichen für die Verarmung unserer Sprache sein, sondern vielleicht sogar ein beklagenswerter Beweis für den Verlust von Beziehungsfähigkeit. Wie auch immer: Menschen, die „sich" umarmen und Kreise, die „sich" schneiden, sind grammatikalische Fehlkonstruktionen.

Der Referenzautor eines ebenfalls in der Renaissance entdeckten (aber nicht erfundenen) Würdeverständnisses, in dem die Menschen „einander" frei setzen, ist Giannozzo Manetti. Sein Anliegen war weniger die Philosophie als eine praxistaugliche „Lebenslehre" oder – um dem Aristoteles-Übersetzer Manetti gerecht zu werden – eine Handlungslehre für ein gelingendes Leben. In der Lobrede „De dignitate et excellentia hominis" preist er die Leistungen, die das „ingenium" des menschlichen Geistes hervorbringt (Buck 1990). Der Appellcharakter all dieser Lobpreisungen wird im Dritten Buch deutlich. Dort wechselt Manetti den Stil und den Rhythmus, indem er durchgehend den Plural „unser" verwendet und dieses Unsere – sein Ausdruck für das Phänomen der Solidarität – in einer Takt und Tempo bestimmenden Aufzählung von Beispielen präsentiert, deren atemberaubende Aneinanderreihung hier nur in einer extrem gekürzten Zusammenfassung angedeutet werden kann: „Unser" sind Bilder, Skulpturen, Künste, Wissenschaften, Erfindungen, Äcker, Berge und Felder, Obstbäume und Weinstöcke, Laub- und Nadelbäume, alle Arten von Haus- und Nutztieren, am Ende schließlich heißt es: „Unser sind die Menschen" („Nostri sunt homines").

In unverkennbar aristotelischer Tradition definiert Manetti den Menschen als ein „animal sociale et civile", ein Wesen, das von Natur auf Gemeinschaft angelegt und angewiesen ist. In Gemeinschaft gestaltet er nicht nur seine Umwelt, sondern vor allem seine eigene Persönlichkeit, seine Sprache, sein Denken, sein Handeln und damit selbstverständlich auch: seinen Willen. Es wäre deshalb völlig verkehrt, den Leitspruch der Humanisten, das delphische „Erkenne Dich selbst" auf die rein reflexive Selbsterkenntnis isolierter Individuen zu beziehen. Die humane Substanz humanistischer Lebensphilosophie liegt in der untrennbaren Verbindung von Subjektivität und Solidarität: Der Appell an die Menschen lautet, „sich" (reflexiv) und „einander" (reziprok) zu erkennen, damit im solidarischen „Miteinander" das „Unsere" geleistet und dabei in einem freiheitsphilosophisch prominenten Sinne jeweils unser WIR gefunden werden kann.

Wie Manettis Aufzählung zeigt, erstreckte sich der humanistische Bildungsappell auf viel mehr als auf die Bereiche persönlicher Moral und politischer Ethik, nämlich auf alle Gebiete der gemeinsamen „cultura" pfleglichen Umgangs mit Gott und der Welt (was hier keine Alltagsfloskel ist). In der ökonomisierten Lebenswelt unserer Tage, in der Wirtschaftssubjekte nach Gewinn und Verlust bewertet werden, sei daran erinnert, wie viel jedes Ich – bevor es sich so zu nennen vermag – dem Du und dem WIR verdankt. Das Appellative der „dignitas" im Sinne Manettis sollte davor bewahren, jene in der Renaissance erfundene Subjektivität, die der grundgesetzliche Würdebegriff als objektives Prinzip anerkennt, „solipsistisch" verkümmern zu lassen: „Solus ipse", je für sich allein sein zu können, ist sicher eine Kunst, die (auch) zum Gelingen des Lebens gehört; als Konstitutionsprinzip einer Verfassung wäre jede Art von Solipsismus – von ideologisch verabsolutierter Selbstbezüglichkeit – aber ebenso sicher ungeeignet.

Die dignité constituante konstituiert keine solipsistische Würde, weil sie nicht als Basissatz einer Existenzphilosophie des auf „sich" zurückgeworfenen, im Vorlaufen zum Tode mit seiner Selbstsorge konfrontierten Menschen fungiert – wie bei Heidegger, der den Begriff des Solipsismus philosophisch geprägt hat –, sondern als Konstitutionsprinzip der dignité constituée in einer relationalen Ordnung rechtlicher Beziehungen. Staat und Bürger stehen „einander" dort nicht in Subordinationsverhältnissen gegenüber, sondern in Rechtsverhältnissen, in denen höhere Rechte prinzipiell – aufgrund des republikanischen Prinzips – ausgeschlossen sind (zur Figur des Rechtsverhältnisses Kapitel 11). Als Gegenposition gegen ein solipsistisches Fehlverständnis des Würdeprinzips kann abschließend auch auf eine Formel des Bundesverfassungsgerichts verwiesen werden. Danach ist das „Menschenbild des Grundgesetzes" nicht das Bild „eines isolierten souveränen Individuums; das Grundgesetz hat vielmehr die Spannung Individuum-Gemeinschaft im Sinne einer Gemeinschaftsbezogenheit und Gemeinschaftsgebundenheit der Person entschieden, ohne dabei deren Eigenwert anzutasten" (ständige Rechtsprechung seit der Investitionshilfe-Entscheidung 1954).

Literatur zu Kapitel 9

Aristoteles, Metaphysik, herausgegeben von *Paul Gohlke*, 1952.

Burckhardt, Jacob, Die Kultur der Renaissance in Italien, 11. Aufl. 1988.

Enders, Christoph, Die Menschenwürde in der Verfassungsordnung, 1997.

Feuerbach, Ludwig, Das Wesen des Christentums, 3. Aufl. 1849, Reclamausgabe 2002.

Fuchs, Thomas, Das Gehin – ein Beziehungsorgan, 2. Aufl. 2009.

Gröschner, Rolf, Menschenwürde und Sepulkralkultur in der grundgesetzlichen Ordnung, 1995.

Ders., Des Menschen Würde – humanistische Tradition eines Verfassungsprinzips, in: *Gröschner, Rolf et al.* (Hrsg.), Des Menschen Würde – entdeckt und erfunden im Humanismus der italienischen Renaissance, 2008, S. 215–234.

Ders./Lembcke, Oliver W., Ethik und Recht, in: *Knoepffler, Nikolaus et al.* (Hrsg.), Einführung in die Angewandte Ethik, 1996, S. 47–74.

Hegel, Georg Wilhelm Friedrich, Vorlesungen über die Philosophie der Geschichte, in: Sämtliche Werke, Jubiläumsausgabe in zwanzig Bänden, Elfter Band, 1939.

Heidegger, Martin, Sein und Zeit, 12. Aufl. 1972.

Heuss, Theodor, in: Deutscher Bundestag/Bundesarchiv (Hrsg.), Der Parlamentarische Rat 1948–1949, Band V/1, 1993.

Hofmann, Hasso, Die versprochene Menschenwürde, in: Archiv des öffentlichen Rechts 118 (1993), S. 353–377.

Kant, Immanuel, Die Metaphysik der Sitten, in: Gesammelte Schriften, Akademieausgabe, Band VI, 1907.

Lembcke, Oliver W., Menschenwürde: Subjektivität als objektives Prinzip, in: Marburger Jahrbuch Theologie XVII, 2005, S. 49–77.

Ders., Die Würde des Menschen, frei zu sein, in: *Gröschner, Rolf et. al.* (Hrsg.), Des Menschen Würde – entdeckt und erfunden im Humanismus der italienischen Renaissance, 2008, S. 159–186.

Luhmann, Niklas, Grundrechte als Institution, 3. Aufl. 1986.

Manetti, Giannozzo, Über die Würde und Erhabenheit des Menschen, herausgegeben von *August Buck*, 1990.

Neumann, Ulfrid, Objektformel, in: Wörterbuch der Würde, 2013, S. 334–336.

Pico della Mirandola, Giovanni, Über die Würde des Menschen, herausgegeben von *August Buck*, 1990.

Rousseau, Jean-Jacques, Du Contrat Social. Vom Gesellschafts-
    vertrag, Französisch/Deutsch, herausgegeben von *Hans
    Brockard*, 2010.
Werth, Reinhard, Unser freier Wille ist beweisbar: Der Mensch
    ist nicht das Opfer der Neurobiologie, in: *Rodenstock, Ran-
    dolf* (Hrsg.), Freiheit ist zwecklos, 2015, S.71–99.

10. Freiheit ist zwecklos

Vom teleologischen zum dialogischen Prinzip
politischer und persönlicher Freiheit

„Freiheit ist zwecklos" (übernommen aus Gröschner 2015) versteht sich als Kapitelüberschrift, die mit ihrer zweideutigen Formulierung zunächst provozieren will. Sie spielt mit dem Doppelsinn des Wortes „zwecklos": Es kann nicht nur „ohne Erfolgsaussicht" bedeuten – „Widerstand ist zwecklos" –, sondern auch „ohne Zielvorgabe". Als philosophische These geht die Überschrift von der zweiten, weniger gebräuchlichen Wortverwendung aus. Sie folgt dem Sprachgebrauch des Philosophen und Soziologen Georg Simmel. In seinem späten, im Todesjahr 1918 erschienenen Werk „Lebensanschauung" schreibt er, der Mensch habe als „unzweckmäßiges Wesen" eine Existenzstufe erlangt, die über dem Zweck stehe: „Es ist sein eigentlicher Wert, daß er zwecklos handeln kann." Im Rahmen dieser lebensphilosophischen Wesens- und Wertbestimmung des Menschen gewinnt auch der Begriff der Freiheit eine andere Bedeutung als üblich: „Der Gegensatz zur Freiheit ist nicht der Zwang", sondern „vielmehr die Zweckmäßigkeit" (Simmel 1922).

Georg Simmel darin zu folgen, „zwecklos handeln" zu können, bedeutet nicht, die heute herrschende Vorstellung „zweckrationalen Handelns" verabschieden zu müssen. Denn selbstverständlich leben wir in einer Gesellschaft, die Leistung und damit den rationalen Einsatz von Mitteln zur Erfüllung vorgegebener Zwecke verlangt. Unsere gesamte Wirtschaft funktioniert nach dem ökonomischen Prinzip, mit gegebenen Mitteln den größtmöglichen Ertrag oder einen angestrebten Ertrag mit dem geringstmöglichen Mitteleinsatz zu erwirtschaften. In beiden Spielarten, als „Maximalprinzip" auf den Ertrag und als „Minimalprinzip" auf den Mitteleinsatz bezogen, ist dieses Grundprinzip der Ökonomie ein teleologisches Prinzip: Es ist auf ein „telos" (einen Zweck) fixiert, für dessen Erfüllung bestimmte Mittel – wie die klassischen Produktionsfaktoren Boden, Arbeit und Kapital – zur Verfügung stehen.

Auf einen Zweck „fixiert" ist teleologisches Handeln ganz in dem Sinne, in dem der „Zweck" ursprünglich der Nagel gewesen ist, mit dem die Zielscheibe beim Armbrust- oder Büchsenschießen exakt in ihrem Zentrum befestigt wurde (Grimm 1954). Wer ins Schwarze traf, hatte damit zugleich den Nagel auf den Kopf getroffen. Abgesehen von ihrem sprachästhetischen Reiz bringt diese Wortherkunft – die in der „Reißzwecke" noch erkennbar ist – das Zweckhafte aller Teleologie bildhaft prägnant und begrifflich präzise zum Ausdruck: Der Zweck ist dem Handelnden vorgegeben und zu bestmöglicher Erfüllung aufgegeben. Wissenschaftstheoretisch formuliert stellt das teleologische Prinzip daher eine lineare Zweck-Mittel-Relation dar, deren Kennzeichen ihr instrumenteller Charakter ist. Wie die Schützen ihre Armbrust oder Büchse, so setzen Unternehmer ihre unternehmensspezifischen Manövriermassen als Instrumente ein, um den vorgegebenen Zweck der Gewinnmaximierung möglichst erfolgreich zu erfüllen.

Der Grad der Zweckerfüllung liegt in dieser Grundrelation ausschließlich in der Hand des Handelnden und hängt nur von der Qualität des Instrumentariums und der Richtigkeit seines Einsatzes ab. Die Einseitigkeit dieser Relation ist unschwer zu erkennen: Es gibt nur einen handlungsfähigen Akteur, der sich allein auf den unabhängig von ihm existierenden Zweck und den richtigen Mitteleinsatz zu konzentrieren hat; eine wie auch immer geartete intersubjektive Wechselbeziehung besteht dabei nicht. Kurz: Es handelt sich um eine instrumentelle Relation, nicht um ein interpersonales Verhältnis. Wissenschaftstheoretisch waltet dort die zweckrationale, nicht die kommunikative Vernunft (Habermas 1982) oder wie hier gesagt werden soll: das teleologische, nicht das dialogische Prinzip (Gröschner 2013). Beide Prinzipien müssen unterschieden, dürfen aber nicht voneinander getrennt und gegeneinander ausgespielt werden. Denn selbstverständlich steht nicht nur unser Wirtschaftssystem, sondern auch unser Privatleben unter dem Zwang, Zwecke zu verfolgen. Aber: Wir wirtschaften und leben mit Menschen, die von der Verfolgung unserer Zwecke und vom Einsatz unserer Mittel betroffen sind. Auf Dauer dürfte es unklug sein, sich darum nicht zu kümmern.

Die klassische Philosophie einer nicht-teleologischen Handlungsstruktur findet sich bei Aristoteles. In seiner Nikomachischen Ethik (VI 5) unterscheidet er zwei Gattungen des Tätigseins: die „praxis" des Handelns und die „poiesis" des Herstellens. Der nach teleologischem Prinzip bestimmte Zweck „poietischer" Tätigkeit ist die Herstellung eines Werkes, dessen Gelingen allein vom Können des herstellenden Technikers oder Künstlers abhängt. Die „techne" eines derartigen Könnens, die von handwerklichen Techniken bis zu schönen Künsten reicht, folgt der bereits bekannten Zweck-Mittel-Rationalität: Je gekonnter der Schuster seine Leisten handhabt, desto besser das hergestellte Schuh-Werk. Die Handlungszusammenhänge einer „praxis" folgen dagegen keiner technischen oder instrumentellen Rationalität. Vielmehr sind sie als Lebensvollzüge zu verstehen, denen ein äußerer Zweck gerade fehlt. Während der „poietisch" Tätige einzelne Werke nach den Kunstregeln seiner jeweiligen „techne" herstellt, handelt der „praktisch" Tätige in lebensweltlichen Situationen, die durch dialogische Auseinandersetzung mit Handlungsbetroffenen bestimmt sind. In solchen Situationen gibt es keine teleologischen Regeln für eine zweckbestimmte Werkausführung. An die Stelle solcher (kunst)handwerklich zu erlernender und dann einfach anwendbarer Regeln tritt ein schwereres, nur durch eigene Erfahrung erwerbbares Kriterium – die Klugheit der „phronesis".

Bezieht man die Unterscheidung zwischen klugem Handeln und technischem Herstellen auf das Leben insgesamt und auf die philosophische Grundfrage seines Gelingens im ganzen (eudaimonia, altertümlich Glückseligkeit), kommt man mit Aristoteles zu einem eindeutigen Ergebnis: „Eudämonie" ist dem Leben nicht als äußerer Zweck vorgegeben, sondern liegt als innere „Entelechie" im gelingenden Leben selbst (NE I 1und VI 2), jedenfalls „für Männer mit einer hohen Gesinnung und von freier Art" (Politika VIII 3 ohne inhaltliche Bestimmung des Gelingens: Horn/Rapp 2008 und ohne Orientierung am bloßen Wohlleben: Fröhlich 2013). Das Leben eines Sklaven wurde durch die Zwecke seines Herrn bestimmt; ein freier Mann dagegen hatte sein Leben selbst zu gestalten – entgegen einer philosophisch unreflektierten Redeweise aber nicht zu „meistern". Denn Meisterschaft wie auf den Gebieten der Poiesis kann es in der Praxis des Lebens nicht geben (Luckner 2005).

Meister kann man nur in jenen Tätigkeiten des Herstellens werden, die in der erläuterten Ursprungsbedeutung des „Zwecks" als Zentrum der Zielscheibe teleologisch strukturiert sind. Anders als bei einem erfüllten Zweck spricht man bei einem gelungenen Leben nicht vom „Nutzen", sondern vom „Sinn". Zwecklosigkeit und Nutzlosigkeit der Freiheit sind demnach keineswegs gleichbedeutend mit ihrer Sinnlosigkeit. Im Gegenteil: In konsequenter Unterscheidung von „Sinn" und „Zweck" ist „Borstenvieh und Schweinespeck" vom „idealen Lebenszweck" der Operette („Der Zigeunerbaron") zum bloßen Berufszweck herabzustufen. Wer seinen Beruf aber nur zweckbestimmt betreibt und nicht auch als Teil gelingender Lebenspraxis, wird sein berufliches Glück nicht finden. Wer es dagegen fertig bringt, sich Sisyphos als glücklichen Menschen vorzustellen (Camus 1959), wird auch mit seiner eigenen Sisyphosarbeit leben lernen. Unabhängig davon sind aristotelisch gesonnene Frauen und Männer „von freier Art" nicht in Gefahr, Zwecke der Berufsausübung mit dem Sinn des Lebens zu verwechseln.

So alt die Einsicht des Aristoteles ist, ein gelingendes Leben nicht nach vorgegebenen Zwecken organisieren zu können, so sehr wird sie von „Glückstechniken" verdrängt, die in Ratgebern zur Selbstverwirklichung seltsame Blüten auf dem Buch- und Seminarmarkt treiben. In

einer Philosophie, die vom Primat der Praxis ausgehend
nach dem Gelingen des Lebens in einer mit anderen geteil-
ten Alltagswelt fragt, ist sie nie vergessen worden. Im Gegenteil: Nach der „Rehabilitierung der praktischen Philosophie" in den 1970er Jahren (Riedel 1972/1974) ist sie
im ersten Jahrzehnt dieses Jahrhunderts in einer Renaissance der Klugheitslehre erneut wiederentdeckt worden
(Kersting 2005). In drei Strömungen der Gegenwartsphilosophie ist sie hochaktuell: im „dialogischen Konstruktivismus" (Lorenz 2009), im „methodologischen
Kulturalismus" (Janich 1996) und in der Philosophie der
„Lebenswelt" (Mittelstraß 1991). Ungeachtet der Unterschiede in den Details geht es in diesen drei Strömungen
um das eine, hier „lebensphilosophisch" genannte Prinzip: die Reflexion gelingender Praxis gemeinsamen Handelns in lebensweltlichen Zusammenhängen, die nicht
teleologisch, sondern dialogisch strukturiert sind.

Mit einem von Martin Buber geborgten Begriff erfolgt die Rechtfertigung von Handlungen in solchen Zusammenhängen im „Zwischen" personaler Interaktion
(Buber 1962, erstmals in den zwanziger Jahren; in dieser Zeit benutzte Georg Simmel das Wort als soziolo-
gischen Begriff: Simmel 1992). Das substantivierte Ver-
hältniswort Zwischen – das Hauptwort der Buberschen
Dialogik – verdeutlicht sehr schön, worum es geht: um
Handlungszusammenhänge, deren Struktur nicht in
der Weise durch Beziehungs- und Bindungslosigkeit bestimmt wird wie es die herkömmliche Vorstellung der
„negativen Freiheit" als Freiheit von äußeren und inneren Zwängen verlangt. Wir sind nicht nur dann frei, wenn
wir uns von solchen Zwängen befreit haben, sondern vor
allem dann, wenn wir den Mithandelnden als Individuen

„in der Rolle des Mitmenschen" begegnen (Löwith 1969): als Personen, deren Freiheit verlangt, nicht als Zielscheibe unserer eigenen Zwecke mißbraucht zu werden. Mit Kant kann man dies auch in der „Selbstzweck"-Formel des Kategorischen Imperativs sagen: „Handle so, daß du die Menschheit sowohl in deiner Person, als in der Person eines jeden andern jederzeit zugleich als Zweck, niemals bloß als Mittel brauchest" (Grundlegung zur Metaphysik der Sitten).

Seine Mitmenschen nicht „bloß als Mittel" zu eigenen Zwecken zu gebrauchen, sie also nicht zu Objekten zu degradieren, sondern als selbstbestimmte Subjekte zu behandeln, ist ein Imperativ, der auch außerhalb des voraussetzungsvollen Systems der Kantschen Philosophie gut begründbar ist (etwa mit Pico della Mirandola: Kapitel 9). In der aristotelischen Tradition der drei genannten Strömungen der Gegenwartsphilosophie ist der entscheidende Grund das Gelingen von Handlungen in kulturellen Praxen, in denen Handlungen friedlich koordiniert werden müssen. Wer einigermaßen erwachsen ist, weiß aus Erfahrung, wie man in Handlungszusammenhängen interagiert, an deren Gelingen man interessiert ist, weil man mit den handelnden Subjekten weiter in Frieden und Freiheit zusammenleben möchte.

Die Klugheit, die aus dem entsprechenden Erfahrungsschatz gespeist wird, gebietet, diese Handlungssubjekte besonders dann nicht als Mittel zum Zweck zu behandeln, wenn sie von Rechts wegen zur Befolgung von Anweisungen verpflichtet sind. So und nur so kann eine freiheitliche Kultur im Zwischen der Familien, der Gesellschaft und der Wirtschaft wachsen und gedeihen. Freiheit ist in dieser Kultur kein Status, sondern eine

Struktur (Rombach 1987). Ihre Subjekte haben nicht die Stellung isolierter Individuen, die sich von allen Bindungen befreit haben, sondern stehen durch ihre „Gemeinschaftsbezogenheit und Gemeinschaftsgebundenheit" (Bundesverfassungsgericht – wie in Kapitel 9 zitiert) miteinander in Beziehungen, die außer Zweckverbänden auch Freiheitsverhältnisse ermöglichen. Freiheitsverhältnisse in der hier gemeinten lebensphilosophischen Bedeutung des Begriffs sind interpersonale Wechselbeziehungen, die durch gegenseitiges Zutrauen und Zumuten von Freiheit charakterisiert sind. Zugetraute Freiheit ist ein Geschenk, zugemutete Freiheit eine Herausforderung. Wenn der Ausgleich dieser Ambivalenz in einem nicht bezweckbaren Zwischen gelingt, entsteht ein freiheitliches WIR.

Dieses WIR ist in den bisherigen Kapiteln in vielen ideengeschichtlichen Formen und Formeln begegnet: als Ausdruck durchschlagenden politischen Freiheitswillens in den Revolutionen der Jahre 509 v.Chr., 1776, 1789 und 1989, aber auch als durchdachtes philosophisches Konzept zuerst in der „politeia" des Aristoteles und dann in der „res publica" Ciceros. Wie nah verwandt beide Konzeptionen mit unserer Philosophie einer freistaatlichen Verfassung sind, zeigt sich nur, wenn wir uns vom neuzeitlichen Glanz persönlicher Freiheit nicht blenden lassen. Dann aber bleibt die Errungenschaft politischer oder republikanischen Freiheit der griechisch-römischen Antike sehr gut sichtbar: die selbstverständliche Teilnahme freier und gleicher Bürger am öffentlichen Leben und deren ebenso selbstverständlicher gemeinsamer Wille, sich nicht von Despoten beherrschen zu lassen – seien es Tyrannen und Oligarchen der Antike oder

Diktatoren, Führer und Parteifunktionäre des 19. und
20. Jahrhunderts.

Mit Rousseaus Herzensrepublikanismus wurde eine
Philosophie vorgestellt, die in ihrer „zwecklosen" Bestimmung des Freiheitsbegriffs Vorbildcharakter hat:
Die „volonté générale" ist als Freiheitswille der Republik
nicht der anzustrebende Zweck, sondern der tragende
Grund einer Gemeinschaft von Republikanern. Eben
deshalb darf dieser Begriff nicht den Republikanern jen-
seits des Atlantiks oder gar der betreffenden Splitterpartei in Deutschland überlassen werden. Vielmehr sollte
sich in öffentlicher und veröffentlichter Meinung die Einsicht durchsetzen, daß die Parole „WIR sind das Volk"
nicht nur in Revolutionszeiten gilt, sondern auch im Alltag eines Freistaates, der diesen philosophischen Ehren-
namen verdient. Bei aller Betonung der Unabhängigkeit
ihrer Systeme haben selbst die beiden großen Freiheits-
philosophen des deutschen Idealismus Rousseau als Republikaner die Ehre erwiesen: Kant als Verstandes- und
Hegel als Vernunftrepublikaner.

WIR sind es auch in Kants Konzeption der „Autonomie" oder Selbstgesetzgebung moralischer Persön-
lichkeiten, die als freie Bürger unsere Republik nach un-
serem gemeinsamen Freiheitswillen politisch gestalten
(Grundlegung zur Metaphysik der Sitten, 2. Abschnitt).
Und auch Hegels „politischer Staat" geht in ausdrückli-
cher Anknüpfung an die „Natur der griechischen Sitt-
lichkeit" (Grundlinien der Philosophie des Rechts, Vor-
rede) von Bürgern aus, die das Politische aus gelebter Gewohnheit als ihre gemeinsame Angelegenheit behandeln,
nicht dagegen, weil sie persönliche Vorteile bezwecken.
„Wählen gehen" hat nicht die Struktur eines zweckratio-

nalen Kalküls, sondern eines selbstverständlichen WIR
von Wählern, die wenigstens am Wahltag im Kollektivsingular eines „Volkes" verbunden sind, ohne dafür etwas anderes voraussetzen zu müssen als die Freiheit, von
ihrem Wahlrecht Gebrauch zu machen. Ein Blick auf die
stetig sinkende Wahlbeteiligung zeigt schlaglichtartig,
wie weit wir von solch guten Gewohnheiten gelingender
politischer Praxis entfernt sind und wie wenig wir die
Freiheit der Wahl – die in despotischen Regimen verpönt
ist – zu schätzen wissen.

Am 23. Mai 1949 ist mit dem „Grundgesetz für die
Bundesrepublik Deutschland" eine Verfassung in Kraft
getreten, die das alteuropäische Prinzip republikanischer
Freiheit mit dem neuzeitlichen Prinzip rechtsstaatlicher
Freiheit verbindet, und zwar in philosophisch optima-
ler Weise. Die grundgesetzliche Freiheitsphilosophie, die
hier wenigstens in ihren Grundlinien vorgestellt werden
soll, lautet pointiert: Die Republik schützt die politische
Freiheit Aller, der Rechtsstaat die persönlichen Freiheiten
aller Einzelnen. Wer die Einzelnen als geborene Subjekte
persönlicher, privater oder individueller Freiheit mit dem
Bundesverfassungsgericht schon immer groß geschrieben hat, sollte die gleich wichtige politische, öffentliche
oder institutionelle Freiheit Aller nicht klein schreiben.
Das beste Beispiel für die betreffende orthographische
Sensibilität ist die Großschreibung der „Freiheit Aller"
bei Paul Johann Anselm Feuerbach, einem Herzensrepublikaner im Geiste Rousseaus (dessen Contrat Social
zu kommentieren er sich als Student immer gewünscht
hatte: Gröschner 2003).

Wie schön die Orthographie die große freiheitsphilosophische Bedeutung „Aller" in Feuerbachs treffli-

cher Interpretation der *volonté générale* zum Ausdruck bringt, zeigt folgendes Zitat: „Da Alle Allen ihre Freiheit verbürgt haben, so sind Alle Allen verpflichtet, alle ihre Kräfte zur Erfüllung dieser ihrer Bürgschaft zu verwenden". Dem leidenschaftlichen Republikaner Feuerbach ging es dabei um das Freiheitsinteresse „Aller, zu denen ich auch gehöre […], weil ich ein Teil Aller bin, und meine Freiheit durch die Macht des Ganzen gesichert ist" (Feuerbach 1798). Wie in den Kapiteln 5 und 7 betont, ist das aristotelische Verhältnis von Teil und Ganzem charakteristisch für das Verhältnis von Cité und Citoyens, Republik und Republikanern bei Rousseau. Wenn WIR wirklich Alle Republikaner wären, brauchte es uns weder um unsere politische noch um unsere persönliche Freiheit bange zu sein.

Der von den Verfassungseltern gewollte Vorrang der Würde in Artikel 1 Absatz 1 GG (Kapitel 9) steht der prinzipiellen Gleichrangigkeit der Republik nicht entgegen. Als Ausruf der Abscheu vor den Verbrechen der Nazibarbarei bleibt der erste Satz des Grundgesetzes sowohl durch seine Stellung an der Spitze des Verfassungstextes als auch durch seine Einordnung in die Geschichte des 20. Jahrhunderts von herausragender Bedeutung. Vor diesem historischen Hintergrund sollte aber auch die Republik als zweites Konstitutionsprinzip der Verfassung in Erinnerung an den 30. Januar 1933 mit einem Ausrufezeichen versehen werden: Gehaltvoll „freistaatlich" interpretiert und nicht auf „Monarchieverbot" reduziert, war die Ernennung Hitlers zum Reichskanzler durch den greisen Reichspräsidenten von Hindenburg ein evidenter Verstoß gegen das Republikprinzip des Artikels 1 Absatz 1 WRV (Kapitel 2).

Bei näherer Betrachtung der beiden Konstitutionsprinzipien des Grundgesetzes kommt nur die systematische Gleichrangigkeit von „Würde" und „Republik" innerhalb eines verfassungsrechtlichen Verweisungszusammenhangs in Frage, begründet durch die für beide Prinzipien leitende Idee der Freiheit: Die konstituierende Freiheit der Menschenwürde ist die individuelle Freiheit jedes Einzelnen, die ihm das Grundgesetz in neuzeitlicher Anerkennung seines „Entwurfsvermögens" als empirisch unantastbare Potenz zuspricht (kantianisch: als „reine" oder transzendentale Idee); die konstituierende Freiheit der Republik ist die institutionelle, in den Institutionen eines Freistaates wirksam werdende Freiheit Aller (hegelianisch: als Wirklichkeit der Freiheit im gewohnheitsgemäßen WIR von Verfassungspatrioten). Die menschenwürdebasierte Freiheit wird rechtsstaatlich geschützt durch subjektive Grundrechte (Prinzip der Freiheitlichkeit), die republikbasierte Freiheit durch die Institutionalisierung einer Ämterordnung und die Orientierung ihrer Amtswalter am Gemeinwohl (Prinzip der Freistaatlichkeit; Näheres zu Amt und Gemeinwohl in Kapitel 11).

Mit einer erneuten Anleihe bei Aristoteles ließe sich das Verhältnis von „Freistaatlichkeit" und „Freiheitlichkeit" auch als Verweisungszusammenhang zwischen dem Ganzen des republikanischen Gemeinwesens und dessen grundrechtlich geschützten Teilen verstehen. Nach aristotelischer Logik könnte deshalb durchaus an einen Vorrang objektivrechtlicher Freistaatlichkeit vor subjektivrechtlicher Freiheitlichkeit gedacht werden. Um verfehlte Assoziationen eines Nachrangs der Menschen und ihrer Freiheitsgrundrechte im Staate auszuschließen, sollte die

Rechts- und Staatsphilosophie des Grundgesetzes aber von einem Fundierungsakt ausgehen, in dem sich republikanische Freistaatlichkeit gleichzeitig und gleichberechtigt mit rechtsstaatlicher Freiheitlichkeit konstituiert hat. Danach ist 1949 eine gleichermaßen durch institutionelle wie durch individuelle Freiheit legitimierte Verfassungsordnung der Würde und der Republik in Kraft getreten: der Freistaat des Grundgesetzes (Gröschner 2011). Je öfter das Wort „Freistaat" in diesem Sinne gebraucht wird, desto größer sind die Chancen, mit einem entsprechend gehaltvollen Begriff im Dialog freiheitswilliger Bürger Gehör zu finden und in ihrem WIR Wirkung hervorzurufen.

In unserer globalisierten, digital vernetzten und elektronisch beschleunigten Welt ist es zu Entwicklungen gekommen, die sowohl die persönliche als auch die politische Freiheit gefährden. Abgesehen von den Gefahren, die der rechtsstaatlichen Sicherheit des Internet drohen – in der Sprache des Bundesverfassungsgerichts: dem „Grundrecht auf Gewährleistung der Vertraulichkeit und Integrität informationstechnischer Systeme" – sollte die Freiheitsgefährdung nicht verharmlost werden, die von einer exzessiven Nutzung des Netzes selbst ausgeht: der Verlust des „Zwischen" im Sinne Bubers und Simmels. Die „sozialen Netzwerke" des Internetzeitalters sind nur die elektronischen Schatten lebendiger interpersonaler Beziehungen. Wegen ihrer fehlenden Dialogik sind sie sogar deren genaues Gegenteil. Denn die „Freunde", die Statusmeldungen, Fotos oder ähnliches auf den von ihnen bevorzugten Kommunikationsplattformen „posten", bezwecken in aller Regel die virtuelle Präsentation des eigenen Ich. Dieser Zweck ist nicht der

Nagel, an dem das gelingende Freiheitsverhältnis einer Freundschaft befestigt werden kann.

Die Wirtschaft als treibende Kraft öffentlichen Lebens in der sogenannten westlichen Welt wird zunehmend durch „global players" bestimmt, die ihre Zwecke auf internationalen Märkten der Finanz- und Realwirtschaft verfolgen. Ihre Kontrolle entzieht sich weitgehend dem nationalen Recht der Staaten und wird mehr und mehr zur Aufgabe internationalen Rechts und internationaler Institutionen. In dieser „postnationalen Konstellation" (Habermas 1998) gehört nicht nur der „geschlossene Handelsstaat" (Fichte 1800) der Vergangenheit an, sondern auch der überkommene Nationalstaat. Obwohl kurzzeitig das Absterben des Staates auch außerhalb marxistisch-leninistischer Ideologien prophezeit worden war, geht man inzwischen vernünftigerweise von seinem Überleben als „offener Verfassungsstaat" (Hobe 1998) aus. Erhalten bleiben wird ihm vor allem die Verantwortung für das Gelingen gesellschaftlichen Lebens in Frieden und Freiheit, weil dessen Grundbedingungen – Freistaatlichkeit und Freiheitlichkeit – nur „durch Recht" realisierbar sind (Voßkuhle 2013), mehr noch: ohne staatlich gesetztes und garantiertes Recht gar nicht gedacht werden können.

Zu dieser Einschätzung gehört ganz wesentlich die in der pränationalen Konstellation der Antike gewonnene philosophische Einsicht, das Gelingen des Gemeinschaftslebens niemals allein durch den zweckhaften Einsatz des Rechts garantieren zu können, sondern immer nur in lebendiger Wechselwirkung mit Bürgern „von freier Art" (im oben zitierten aristotelischen Sinne). Wenn deren Wille im „Zwischen" politischer Freiheitsverhältnisse gebildet wurde, hat er die Chance, im öffentlichen Leben Fortschritte der Freiheit zu bewirken, und zwar auf allen Ebenen staatlicher und überstaatlicher Institutionen – vom Freistaat Bayern oder einem anderen der freistaatlichen deutschen Länder über die Bundesrepublik Deutschland und die Europäische Union bis hin zu internationalen Organisationen, die nur als republikanische Institutionen legitim sind. Die Träger jenes wirksamen Willens hinterlassen Fußspuren der Freiheit, die man nachverfolgen, aber nicht im voraus bezwecken kann. Das WIR, von dem die Spuren stammen, ist der Familienname zweckloser Freiheit. Diese Anspielung auf die Kapitelüberschrift führt zugleich auf den im Untertitel enthaltenen Grundgedanken zurück: die Unterscheidung zwischen dem teleologischen und dem dialogischen Prinzip. Eine nicht-teleologische Struktur von Freiheit ist Voraussetzung für deren dialogisches Verständnis. Oder mit etwas mehr literarischem Schwung formuliert: Die Ohnmacht des Zwecks ist Bedingung für die Macht des WIR.

Literatur zu Kapitel 10

Aristoteles, Nikomachische Ethik, übersetzt und kommentiert von *Franz Dirlmeier*, 7. Aufl. 1979.

Buber, *Martin*, Schriften zur Philosophie, in: Werke, Band 1, 1962.

Camus, *Albert*, Der Mythos des Sisyphos. Ein Versuch über das Absurde, 1959.

Feuerbach, *Paul Johann Anselm*, Lehrbuch des gemeinen in Deutschland gültigen peinlichen Rechts, 1801.

Ders., Anti-Hobbes, 1798.

Fichte, Johann Gottlieb, Der geschlossene Handelsstaat, 1800, Neudruck 1920.

Fröhlich, Günter, Die aristotelische eudaimonia und der Doppelsinn vom guten Leben, in: Archiv für Begriffsgeschichte 54, 2013, S. 21–44.

Grimm, Jakob und Wilhelm, Deutsches Wörterbuch, Band XVI, 1954.

Gröschner, Rolf, Feuerbach als Herzensrepublikaner, in: *Gröschner, Rolf/Haney, Gerhard* (Hrsg.), Die Bedeutung P. J. A. Feuerbachs (1755–1833) für die Gegenwart, 2003, S. 49–57.

Ders., 2011, Der Freistaat des Grundgesetzes, in: *Gröschner, Rolf/Lembcke, Oliver W.* (Hrsg.), Freistaatlichkeit, 2011, S. 293–352.

Ders., Dialogik des Rechts, 2013.

Ders., Warum Freiheit zwecklos ist, in: *Rodenstock, Randolf* (Hrsg.), Freiheit ist zwecklos, 2015, S. 15–40.

Habermas, Jürgen, Theorie des kommunikativen Handelns, 2 Bände, 2. Aufl. 1982.

Ders., Die postnationale Konstellation. Politische Essays, 1998.

Hegel, Georg Wilhelm Friedrich, Werke. Redaktion *Eva Moldenhauer* und *Karl Markus Michel*, 1986.

Hobe, Stephan, Der offene Verfassungsstaat zwischen Souveränität und Interdependenz, 1998.

Horn, Christoph/Rapp, Christof (Hrsg.), Wörterbuch der antiken Philosophie, 2. Aufl. 2008.

Janich, Peter, Konstitution, Konstruktion, Reflexion, in: Vernunft und Lebenspraxis, FS Kambartel, 1995, S. 32–51.

Kant, Immanuel, Werke in sechs Bänden, hrsg. von *Wilhelm Weischedel*, 2011.

Löwith, Karl, Das Individuum in der Rolle des Mitmenschen, Nachdruck der Ausgabe 1928, 1969.

Lorenz, Kuno, Dialogischer Konstruktivismus, 2009.

Luckner, Andreas, Klugheit, 2005.

Mittelstraß, *Jürgen*, Das lebensweltliche Apriori, in: *Gethmann*, *Carl Friedrich* (Hrsg.), Lebenswelt und Wissenschaft, 1991, S. 114–142.

Riedel, *Manfred*, Rehabilitierung der praktischen Philosophie, 2 Bände, 1972/1974.

Rombach, *Heinrich*, Strukturanthropologie. Der menschliche Mensch, 1987.

Simmel, *Georg*, Lebensanschauung. Vier metaphysische Kapitel, 2. Aufl. 1922.

Ders., Soziologie. Untersuchungen über die Formen der Vergesellschaftung, Gesamtausgabe, Band 11, 1992 (1. Aufl. 1908).

Voßkuhle, *Andreas*, Freiheit und Demokratie durch Recht, 2013.

11. Gemeinwohl geht uns alle an

Öffentliches Recht, Öffentliches Interesse und Öffentlicher Dienst

Das Verfassungs- und Verwaltungsrecht eines Freistaates hat im Doppelsinne des Wortes „öffentlichen" Charakter: weder privat noch geheim, regelt es Angelegenheiten, die alle angehen. In alteuropäischer Tradition nennt man den öffentlich-rechtlichen Regelungsbedarf dieser allgemeinen Angelegenheiten auch „politisch" oder „republikanisch". Die erste Benennung ist der Gemeinschaft freier und gleicher Bürger in der „politeia" des Aristoteles entlehnt, die zweite deren Übersetzung mit „res publica" bei Cicero. Wie im fünften Kapitel eingehend erläutert, liegt der betreffenden Lehnworttradition ein Begriff des Öffentlichen Rechts zugrunde, der die Republik zur Sache des Volkes erklärt („res publica res populi") und das Gemeinwohl zum höchsten Gesetz („salus populi suprema lex"). Was dies für die republikanische Ordnung des Grundgesetzes bedeutet, ist die Fragestellung des vorliegenden Kapitels. Sein Untertitel formuliert ein dreiteiliges Programm: Öffentliches Recht, Öffentliches Interesse, Öffentlicher Dienst. Zusammen mit der bereits ausführlich behandelten öffentlichen Freiheit ergibt sich so eine Vervierfachung des Öffentlichen, die den Sinn der

„res *publica*" als einer „*öffentlichen* Sache" rechtswissenschaftlich differenziert zum Ausdruck bringt.

Weil im November 1918 die „obrigkeitliche Staatsstruktur von oben nach unten" zusammengebrochen war (Hugo Preuß, zitiert und interpretiert in Kapitel 1), konnte das Öffentliche Recht der 1919 konstituierten Republik nicht das obrigkeitsstaatliche Recht des Kaiserreichs bleiben. Dessen Struktur wurde in der zeitgenössischen Rechtswissenschaft mit dem Begriff des „Gewaltverhältnisses" charakterisiert. Otto Mayer, Vater der Verwaltungsrechtswissenschaft in Deutschland, hat dieses Verhältnis in seinem Lehrbuch „Deutsches Verwaltungsrecht" als „die umfassende rechtliche Abhängigkeit" bezeichnet, „in welcher der Untertan zum Staat steht" (noch in der dritten Auflage 1924). In diesem „Abhängigkeitsverhältnis" könne die rechtliche „Allmacht des Staates" nicht in der „Scheidemünze" subjektiver Rechte aufgezählt werden. Denn solche Rechte seien „immer etwas Begrenztes"; beim Staat aber schlage „das dahinterstehende Unbegrenzte immer durch".

Trotz der Pionierarbeit, die Otto Mayer als Protagonist eines rechtsstaatlichen Verwaltungsrechts geleistet hat, war das „Durchschlagen" einer unbegrenzten Staatsgewalt doch Ausdruck einer staatlichen „Allmacht", die letztlich mit dem Legitimationsmodell monarchischen Gottesgnadentums gerechtfertigt wurde. In diesem Modell war die Frage der öffentlichen Rechte für jene „zwei Rechtssubjekte, die sich in der Verwaltung gegenüberstehen, Staat und Untertan, von vornherein sehr verschieden" zu beantworten (Mayer 1924). Der Staat brachte „von vornherein" eine ureigene Hoheitsgewalt mit, die das Verhältnis zum Gewaltverhältnis machte, der Untertan eine ureigene Unterordnung, durch die das Verhältnis zum Untertanenverhältnis wurde. In diesem Abhängigkeits-, Gewalt- oder Untertanenverhältnis waren alle „Verdichtungen der staatlichen Willensherrschaft nichts anderes als Ausflüsse und Ausübungen des einen großen ‚Urrechtes‘ auf Gehorsam" (Mayer 1924).

Der systematische Abschied von einer solchen Überhöhung staatlicher Herrschaft verlangt die strukturelle Ersetzung des obrigkeitsstaatlichen Gewaltverhältnisses durch die republikanische Figur des Rechtsverhältnisses. Republikanisch ist diese Grundfigur der Rechtswissenschaft, weil sie die Gewähr gegen den Aufschwung zu einem Herrn kraft eigenen „Urrechtes" bietet. Ein Staat, dessen Struktur nicht mehr durch das überhöhte Herrschaftsrecht eines Monarchen und durch eine entsprechende „Kompetenzpräsumtion" zugunsten der monarchischen Exekutive bestimmt wird (Jesch 1961), steht zu seinen Bürgern in einem zugleich kompetenzbegründenden wie kompetenzbegrenzenden Verhältnis des Verfassungsrechts, kurz: in einem Verfassungsrechtsverhältnis. Dieses Verhältnis zwischen staatlichen Institutionen, die an die Verfassung gebunden sind und Bürgern, die sich seit der Amerikanischen und Französischen Revolution auf unveräußerliche Menschenrechte berufen können, ist das Grundverhältnis einer freistaatlichen Ordnung (Gröschner 2008).

Auf dieser Grundlage ist es in der Tat „schwer erträglich", wenn die sogenannte Subordinationstheorie – die das Öffentliche Recht nach wie vor durch ein Über-Unterordnungsverhältnis charakterisiert – „mehr oder weniger ungefragt von immer neuen Generationen von Ju-

risten erlernt und angewandt wird" (Hufen 2011). Eine
solche „Subordinationstheorie" ist seit 1919 unvertretbar,
weil die Weimarer Verfassung staatliche Herrschaft erstmals in der deutschen Geschichte republikanisch legitimierte – und nicht nur rechtsstaatlich limitierte. Sie war
nicht die Grenze eines präkonstitutionellen, vor der Verfassung gelegenen höheren Herrschaftsrechts, sondern
der tiefere Grund aller Staatsgewalt: „Nur auf das freie
Selbstbestimmungsrecht wollen wir unseren Staat gründen" (Friedrich Ebert, ausdrücklich als „der Beauftragte"
des Volkes: Huber 1992). Weimars erster Präsident hat die
selbstbestimmte Macht des staatsgründenden „Wir" auf
die verfassunggebende Gewalt eines Volkes gebaut, das
in dem Willen geeint war, sich eine freistaatliche, seine
Freiheit im Staate verfassende Ordnung zu geben. Statt
eines „Urrechtes" des Staates hat er für jenes WIR eine
politische Urgewalt des Volkes in Anspruch genommen,
die in den französischen Ursprüngen der *volonté générale*
und des *pouvoir constituant* republikanisch *par excellence*
ist (zu Rousseau und Abbé Sieyès Kapitel 7).

Wenn die Verhältnisse zwischen Staat und Bürger
keine Subordinationsverhältnisse sind, sondern Rechtsverhältnisse, müssen in ihnen Rechte und Pflichten bestehen, die durch Öffentliches Recht begründet und be-
grenzt werden. Solche Rechtsverhältnisse binden alle
staatliche Gewalt an objektive Rechtsprinzipien und subjektive Menschen- und Bürgerrechte. Subjektive Rechte
des Staates nennt die Rechtswissenschaft „Befugnisse".
Die Grundbefugnis ist die Befugnis zur Rechtsetzung,
exemplarisch für die drei Gewalten als parlamentarische
Rechtsetzung durch Gesetz, behördliche Regelung durch
Verwaltungsakt und richterliche Entscheidung durch

Urteil. Diese Befugnis zu staatlicher Rechtsetzung ist ein Recht zu einseitiger *Regelung*, jedoch kein einseitiges *Recht* zur Regelung. Das mag juristischen Laien als verwirrendes Wortspiel erscheinen, sichert aber genau jene Begrenzung des staatlichen Regelungsrechts durch subjektive Rechte der Regelungsbetroffenen, die Otto Mayers „durchschlagende" Unbegrenztheit des „Urrechtes" auf Gehorsam unterlief. Verfassungs- und Verwaltungsgerichte sind sehr wohl in der Lage, die Grenzen staatlicher Rechtsetzung zu kontrollieren.

Fundiert im politischen Willen zu öffentlicher Freiheit und strukturiert durch staatlich geregelte Rechtsverhältnisse des Öffentlichen Rechts, orientiert die Republik sich am Öffentlichen Interesse. In allen bisher angesprochenen Traditionssträngen republikanischen Denkens ist diese Orientierung am Ganzen des Gemeinwesens und am Gelingen gesamtgesellschaftlichen Lebens so unstreitig, daß es nicht darauf ankommt, welche Substantive den Attributen „öffentlich", „allgemein" oder „gemein" zugeordnet werden. „Gemeinwohl" oder „Wohl der Allgemeinheit" (Artikel 14 Absatz 2 und 3 GG) bedeutet nichts anderes als „Öffentliches Interesse", „Allgemeininteresse", „allgemeines Wohl" oder „gemeines Bestes". In der einschlägigen Monographie zum Thema „Gemeinwohl in Republik und Union" heißt es daher mit Recht: „Der Bezug zwischen Republik und Gemeinwohl ist fachübergreifend anerkannt" (Anderheiden 2006). Er übergreift auch den Geist der Zeiten.

Bei aller Verschiedenheit der gesellschaftlichen Bedingungen in deutscher Gegenwart und griechisch-römischer Vergangenheit ist das Gebot, das gemeinsame Gute *(koinon agathon, bonum commune)* zu fördern, in seiner

Grundbedeutung gleich geblieben. Das Gemeinwohl hat sich seit zweieinhalb Jahrtausenden als eine Idee erwiesen, die jeder freiheitlichen Verfassung vorausliegt und die – so Josef Isensee – die „res publica perennis" konstituiert: die immerwährende Republik (Isensee 2014 mit dem für sich sprechenden Untertitel „Vordemokratische Fundamente des Verfassungsstaates"). Der Eid, den Bundespräsident, Bundeskanzler und Bundesminister nach den Vorgaben des Grundgesetzes bei ihrem Amtsantritt zu leisten haben, liefert den Beweis. Sie schwören, ihre „Kraft dem Wohle des deutschen Volkes zu widmen" und bekräftigen damit laut und – für ideengeschichtlich offene Ohren – vernehmbar Ciceros *suprema lex* einer republikanischen Regierungsweise. Da der Eid keine Kompetenzen begründet, ist er die feierliche Bekräftigung dessen, was eine Republik von ihren Amtsträgern verlangt: im Amt das Öffentliche Interesse zu befördern und sich nicht von privaten Interessen beeinflussen oder von privat Interessierten bestechen zu lassen.

Für den Dienst an der Allgemeinheit, der in den Ämtern gesetzgebender, vollziehender und rechtsprechender Gewalt zu leisten ist, hat das Öffentliche Interesse den Status einer *regulativen Idee*. „Regulativ" – im Gegensatz zu „konstitutiv" – nennt Kant Ideen, die als „focus imaginarius" zur Fixierung einer „Richtschnur des empirischen Gebrauchs der Vernunft" dienen (Kritik der reinen Vernunft). Ein solcher imaginierter Fixpunkt – die Vorstellung eines Leitsterns, an dem man sich orientieren kann – ist in kantischer Interpretation des Öffentlichen Interesses Bedingung der Möglichkeit, von einer republikanischen Interesseneinheit her zu denken: einer Einheit aller gemeinwohlbezogenen Interessen, die als solche faktisch nicht existiert, deren normativer Herstellungsauftrag die Republik aber von einem beliebigen Interessenverband unterscheidet. Im Rückblick auf das zehnte Kapitel kann man auch sagen: Interessenverbände sind Zweckverbände, die das gemeinsame Ziel ihrer Mitglieder so „anzwecken" können wie eine Schießscheibe beim Armbrustschießen. Mit dem Gemeinwohl ist dies nicht möglich; es hat keine teleologische, sondern eine dialogische Struktur. Und öffentlich-rechtliche Dialoge über konkrete Entscheidungen im Einzelfall haben sich an der regulativen Idee des Gemeinwohls zu orientieren (Gröschner 2004).

Horst Dreier hat dieser im Handbuch des Staatsrechts entwickelten Konzeption (Gröschner 2004) entgegengehalten, sie verorte das Gemeinwohl „in stark idealistisch anmutender Weise im Konkretisierungsspielraum staatlicher Entscheidungstätigkeit von Abgeordneten, Beamten und Richtern" (Dreier 2006). Richtig: Für den praktischen Vernunftgebrauch der genannten Entscheidungsträger eine „Richtschnur" im Sinne Kants zu spannen, ist in starker – nämlich transzendentalphilosophischer – Weise „idealistisch". Die Stärke kantischer Transzendentalphilosophie besteht darin, die erkenntnistheoretischen Bedingungen unseres Denkens herausgearbeitet und die Bedeutung der apriorischen, vor aller Erfahrung liegenden Ideen (wie der Freiheit oder eben des Gemeinwohls) betont zu haben. Auf der Höhe des Idealismus eines Immanuel Kant kann man „stark idealistisch" sogar als philosophisches Prädikat verstehen. Vor allem aber verlangt § 60 Absatz 1 des Bundesbeamtengesetzes selbst bei „stark realistischer" Betrachtung nichts anderes: „Beamtinnen und Beamte dienen dem ganzen Volk, nicht einer

Partei. Sie haben ihre Aufgaben unparteiisch und gerecht zu erfüllen und bei ihrer Amtsführung auf das Wohl der Allgemeinheit Bedacht zu nehmen".

Im Standardkommentar zum Bundesbeamtengesetz liest man dazu, das Bedacht nehmen auf das Gemeinwohl sei „Richtschnur für das Amtsethos des Beamten" (Battis 2009). Wer das von einem juristischen Kommentator verwendete Wort „Richtschnur" nicht im philosophischen Sinne Kants interpretieren möchte, mag sich auf den Maureralltag beziehen, aus dem die Metapher stammt. Dann ist aber leicht einzusehen, wie der Vergleich des Gemeinwohls mit einer zu errichtenden Mauer hinkt und wieviel einleuchtender die Orientierung am Gemeinwohl als einer regulativen Idee erscheint. Ob der Gesetzgeber diesen philosophischen Aspekt gesehen hat oder nicht: Auf das Wohl der Allgemeinheit „Bedacht zu nehmen", verlangt eine bedächtige Anstrengung des Denkens, die bei allem Respekt vor dem betreffenden Handwerk mehr voraussetzt als die Einhaltung einer schnurgeraden Linie beim Mauern. Denn Dialoge über die bestmögliche Verwirklichung des Gemeinwohls verlaufen bei Abwägung streitiger Interessen und Belange niemals linear, sondern in Rede und Gegenrede und nach freiheitsphilosophischem Muster im „Zwischen" aller Beteiligten (Kapitel 10).

Das Grundgesetz ist dem gemeineuropäischen Gedanken gefolgt, daß der politische oder republikanische Staat einer institutionalisierten Ämterordnung bedarf, die so einzurichten ist, daß Amtspersonen in den ihnen anvertrauten öffentlichen Ämtern treuhänderischen Dienst am Ganzen leisten. Bei diesem „Öffentlichen Dienst" – in der besten Bedeutung des Begriffs – geht es in den Wor-

ten des Bundesverfassungsgerichts um „die gemeinwohl-
orientierte, an Gesetz und Recht gebundene, wirksame
Erfüllung des Amtsauftrages". Dieser rechtliche Auftrag verträgt sich sowohl mit der regulativen Gemein-
wohlidee Kants als auch mit den pragmatischen Amts-
vorstellungen aristotelisch-ciceronischer Tradition. Für
Aristoteles war die gute Verfassung des Gemeinwesens
letztlich in der politischen Natur des Menschen angelegt,
für Cicero in den republikanischen Tugenden derer, die
zum Ruhme Roms in öffentlichen Ämtern tätig waren.
Sucht man einen gemeinsamen begrifflichen Nenner, auf
den diese republikanischen Traditionen gebracht werden
können – ohne ihre philosophischen Unterschiede nivel-
lieren zu wollen –, bietet es sich an, das Öffentliche Interesse als einen „Leitgedanken" des Öffentlichen Rechts zu
bezeichnen (wie im Titel der Festschrift für Paul Kirchhof: Kube et al. 2013).

   In der hier favorisierten französischen Tradition (Kapitel 7) ist „Leitgedanke" das deutsche Wort für die „idée
directrice" des Institutionentheoretikers Maurice Hauriou. Ihre Originalität besteht darin, der Realität nicht
„stark idealistisch" entgegengesetzt zu sein – wie die
Ideen in der Philosophie Platons und im System Kants (zu
beiden Gröschner et al. 2000). Als Leitgedanke der Perso-
neninstitution des Staates darf sie auch nicht mit dessen
Zweck verwechselt werden. Dieser wird dem Staat „von
außen" vorgegeben, während die *idée directrice* „in ihm
selbst liegt", genauer: im „Gemüt" derjenigen, die als Bürger – mit oder ohne Amt – das Risiko und die Verantwortung für das Gelingen politischer Praxis tragen. Am Beispiel des berühmten Ballhausschwures betont der Fran-
zose die „Gemeinschaftsbekundung" der Abgeordneten

des Dritten Standes im Saal des Ballspiels in Versailles am 20. Juni 1789: erst wieder auseinander zu gehen, wenn sie eine Verfassung verabschiedet hätten. Dabei habe es sich nicht um die „Äußerung eines Kollektivbewußtseins" gehandelt; jeder einzelne Beteiligte sei vielmehr durch die „objektive Existenz" einer *idée directrice* zu gemeinsamer Aktion gedrängt worden (Hauriou 1965).

Leitgedanke des Ballhausschwures als „Gründungsakt der konstitutionellen Revolution" (Lembcke 2010) war die Einheit der französischen Nation in einer von der Feudalherrschaft des *Ancien Régime* befreiten Republik. Eine solche Einheit und mit ihr das Wohl der Allgemeinheit nach der Abschaffung aller Adelsprivilegien war zum Zeitpunkt des Schwures zwar gemeinsam gewollt – bei Hauriou ganz im Sinne der *volonté générale* Rousseaus –, der gemeinsame Wille konnte aber nicht das Mittel zur Erfüllung eines „von außen" vorgegebenen Zwecks sein; er war buchstäblich die „Äußerung" eines inneren Anliegens der Versammlung als einer Bekundung des „gemütlichen" Befindens ihrer Mitglieder. Diese von deutscher „Gemütlichkeit" strikt zu unterscheidende Gestimmtheit in der Verfolgung einer gemeinsamen *idée directrice* ist daher auch bestens geeignet, die aristotelische Grundunterscheidung zwischen äußerem Telos und innerer Entelechie (Kapitel 10) in die republikanische Philosophie einer dialogischen Gemeinwohlkonzeption einzubeziehen. Für das Gelingen unseres öffentlichen Lebens tragen WIR die Verantwortung. Das gilt nicht nur auf nationaler, sondern auch auf supra- und internationaler Ebene (Nowrot 2014 für das Gemeinwohl als Leitprinzip der sich herausbildenden Rechtsordnungengemeinschaft).

Im Lichte der *idée directrice* ist es ein Erkennungszeichen freiheitlicher Ordnungen, das Gemeinwohl nicht als vorgegeben, sondern als aufgegeben zu behandeln: als eine staatliche Aufgabe, deren Erfüllung im Rahmen öffentlicher Rechtsverhältnisse eine Verpflichtung gegenüber der Allgemeinheit darstellt (Gröschner 1992). Das Vorliegen einer solchen Aufgabe ist Voraussetzung für das Bestehen einer Befugnis. Auch wenn Befugnisse nach dem Abschied vom republikwidrigen Subordinationsdogma als subjektive Rechte des Staates zu verstehen sind, müssen sie durch ihre notwendige Aufgabenkomponente von den subjektiven Rechten privater Rechtssubjekte kategorial unterschieden werden. Hinter der Befugnis steht immer die Aufgabe, weil staatliche Rechte in einer Republik nicht privatnützige, sondern gemeinnützige Rechte sind. Am ordnungsrechtlichen Behörden-Bürger-Verhältnis exemplifiziert, liegt die allgemeine Ordnungsaufgabe gewissermaßen im Rücken der Ordnungsbehörden: Sie legitimiert sich *a tergo*, nicht *a fronte*, berechtigt also nicht zu frontalen Grundrechtseingriffen wie die tatbestandlich bestimmten ordnungsbehördlichen Eingriffsbefugnisse – von der Kontrolle im Straßenverkehr bis zum lebensrettenden Todesschuß im Geiseldrama.

Warum die Rückbindung aller Aufgaben des Öffentlichen Dienstes an das Öffentliche Interesse keinem demokratischen, sondern einem republikanischen Leitgedanken folgt, ergibt sich aus der im fünften Kapitel dargelegten und hier aufgegriffenen Republiktradition ohne Schwierigkeit: In Athen und Rom ging die Staatsgewalt nicht „vom Volke aus" (Artikel 20 Absatz 2 Satz 1 GG), waren *demos* und *populus* nicht Souverän einer demokratischen Ordnung. Ciceros berühmtes Motto „res publica res populi" sprach das Volk nicht als Träger der Staatsgewalt an, sondern als Adressaten staatlichen Handelns. Diese Grundunterscheidung bewährt sich als verfassungsrechtliche Differenzierung bis heute: Demokratie ist Regierung *durch* das Volk, Republik ist Regierung *für* das Volk (so Isensee im Ansatz schon 1981 und ausführlich 2014). Mit Roms offizieller Staatsbezeichnung SPQR – Senatus Populusque Romanus – sei daran erinnert, daß der Senat die Spitze der Republik und das Zentrum politischer Macht bildete (Hölkeskamp 2004). Senator wurde man aber nicht durch Volkswahl, sondern durch Anerkennung ehrenamtlicher Leistung und Aufstieg im Amtsadel. Die Ehre einer Mitgliedschaft im Senat wurde nur den Amtswaltern zuteil, die sich um die Ordnung der Republik verdient gemacht hatten.

Absehen von Privatinteressen und Hinsehen auf das Öffentliche Interesse wird im Verfassungsstaat des Grundgesetzes sowohl von demokratisch gewählten Abgeordneten als auch von republikanisch ernannten Amtsträgern erwartet. Das ist keine „idealistische" Überhöhung des Amtes, sondern Vorgabe geltenden Verfassungsrechts: Wer „nach seiner Eignung, Befähigung und fachlichen Leistung" Zugang zu einem „öffentlichen Amte" (Artikel 33 Absatz 2 GG) gefunden hat, ist weder in einem Verfahren demokratischer Mehrheitsbildung gewählt worden noch irgendeinem Wähler verantwortlich. Die Verantwortung im betreffenden Amt besteht aufgrund wohlerwogenen, fest in der Verfassungstradition des Grundgesetzes verwurzelten Republikprinzips gegenüber der Grundgesamtheit des Gemeinwesens. Aber auch die gewählten Abgeordneten des Deutschen Bundestages sind nach Ar-

tikel 38 Absatz 1 Satz 2 GG „Vertreter des ganzen Volkes" und damit Repräsentanten der Republik, nicht etwa
Agenten einer Partei, Fraktion, Interessen- oder Wähler-
gruppe. Wenn die Praxis der Politik dem allzuoft widerspricht, geht das zu Lasten der Praxis, ändert aber nichts
am Prinzip.

Die Unterscheidung zwischen dem demokratischen
Träger und dem republikanischen Adressaten staatlicher
Gewalt kann im bekannten Bild der „demokratischen Legitimationskette" zur metaphorischen Verbindung mit einer „republikanischen Legitimationskette" vervollstän-
digt werden (Gröschner 2004). Während die erste Kette
nach der Rechtsprechung des Bundesverfassungsgerichts
„vom Volk zu den mit staatlichen Aufgaben betrauten
Organen und Amtswaltern" führt, wird die zweite Kette
in umgekehrter Richtung geschmiedet: vom Öffentlichen
Interesse als höchstem Gesetz der Republik über Aufgaben und Befugnisse der zuständigen Amtswalter bis zur
konkreten Amtshandlung im Einzelfall. Eine demokratisch legitimierte gesetzliche Befugnis, das Leben einer
Geisel durch gezielte Erschießung des Geiselnehmers zu
retten, rechtfertigt den oben so genannten lebensrettenden Todesschuß nur generell; die individuelle Rechtfertigung in der dramatischen Bedrohungssituation obliegt
dem Einsatzleiter der Polizei, die Ausführung dem nach
seiner Qualifikation ausgewählten (aber nicht vom Volk
gewählten) und qualifikationsgemäß eingesetzten Präzi-
sionsschützen. Am Ende des Dramas gilt: Die Gesetze
der rechtsstaatlichen Demokratie sind nur so gut wie ihre
republikanische Konkretisierung.

Literatur zu Kapitel 11

Anderheiden, *Michael*, Gemeinwohl in Republik und Union, 2006.

Battis, *Ulrich*, Bundesbeamtengesetz. Kommentar, 4. Aufl. 2009.

Cicero, *Marcus Tullius*, De legibus. Über die Gesetze. Lateinisch-deutsch, herausgegeben von *Rainer Nickel*, 1994.

Dreier, *Horst*, Republik, in: *Ders.* (Hrsg.), Grundgesetz-Kommentar, Band 2, 2. Aufl. 2006, S. 11–25.

Entscheidungen des Bundesverfassungsgerichts, herausgegeben von den Mitgliedern des Gerichts, Band 47, S. 253 (Demokratische Legitimationskette), Band 93, S. 74 (Gemeinwohl).

Gröschner, *Rolf*, Das Überwachungsrechtsverhältnis, 1992.

Ders., Die Republik, in: Handbuch des Staatsrechts, Band 2, 3. Aufl. 2004, S. 369–428.

Ders., Dialogik der Rechtsverhältnisse, in: *Brugger*, *Winfried et al.* (Hrsg.), Rechtsphilosophie im 21. Jahrhundert, 2008, S. 90–110.

Ders./Dierksmeier, *Claus/Henkel*, *Michael/Wiehart*, *Alexander*, Rechts-und Staatsphilosophie. Ein dogmenphilosophischer Dialog, 2000.

Hauriou, *Maurice*, Die Theorie der Institution, herausgegeben von *Roman Schnur*, 1965.

Hölkeskamp, *Karl-Joachim*, Senatus Populusque Romanus, 2004.

Huber, *Ernst Rudolf*, Dokumente zur deutschen Verfassungsgeschichte, Band 4, 3. Aufl. 1992.

Hufen, *Friedhelm*, Verwaltungsprozeßrecht, 8. Aufl. 2011.

Isensee, *Josef*, Republik – Sinnpotential eines Begriffs, in: Juristenzeitung 1981, S. 1–8.

Ders., Gemeinwohl und öffentliches Amt. Vordemokratische Fundamente des Verfassungsstaates, 2014.

Jesch, *Dietrich*, Gesetz und Verwaltung, 1968.

Kant, *Immanuel*, Werke in sechs Bänden, herausgegeben von *Wilhelm Weischedel*, 2011.

Kube, Hanno et al. (Hrsg.), Leitgedanken des Rechts. Paul Kirchhof zum 70. Geburtstag, 2013.

Lembcke, Oliver W., 14. Juli 1789 – Erfindung der Revolution, in: *Gröschner, Rolf/Reinhard, Wolfgang* (Hrsg.), Tage der Revolution – Feste der Nation, 2010, S. 93–114.

Mayer, Otto, Deutsches Verwaltungsrecht, Band 1, 3. Aufl. 1924.

Nowrot, Karsten, Das Republikprinzip in der Rechtsordnungengemeinschaft, 2014.

12. Unser Freistaat
muß verteidigungsbereit sein

Terrorismus und wehrhafte Republik

Seit dem 11. September 2001 steht „9/11" („Nine-Eleven")
als Symbol des Schreckens für Anschläge mit sogenannten Renegade-Flugzeugen: zivilen Luftfahrzeugen in
den Händen fanatischer Terroristen, denen die entführten Maschinen als Mordwerkzeuge gezielter Abstürze
dienen. In den Trümmern der beiden Türme des World
Trade Center in New York starben an jenem schreck-
lichen Tag elf des neunten Monats 2001 nahezu 3.000
Menschen. Das Memorial „Ground Zero" – zwei tiefe
Wasserbecken in den Grundrissen der zerstörten Zwil-
lingstürme – hält die Erinnerung an die Ermordeten auf
besondere Weise wach: Die Kupferbrüstung der Becken-
umrandung dokumentiert die ausgestanzten Schriftzüge
ihrer Namen, zu deren Berührung die Besucher der Ge-
denkstätte eingeladen werden. Wer der Einladung folgt,
kann in einem buchstäblich berührenden Moment der
Opfer eines terroristischen Massenmordes gedenken.

„9/11" hatte in Deutschland ein Bundesgesetz zur
Neuregelung von Luftsicherheitsaufgaben (Luftsicher-
heitsgesetz) zur Folge, das die Streitkräfte ermächtigte,
Luftfahrzeuge, die als Tatwaffe gegen das Leben von
Menschen eingesetzt werden sollen, durch unmittelbare

Einwirkung mit Waffengewalt abzuschießen. Die betreffende Bestimmung des Gesetzes (§ 14 Absatz 3) wurde jedoch vom Bundesverfassungsgericht als unvereinbar mit dem Recht auf Leben (Artikel 2 Absatz 2 GG) und der Würde des Menschen (Artikel 1 Absatz 1 GG) für nichtig erklärt. Konzentriert auf das Argument der Menschenwürde lautet die zentrale Passage des Urteils vom 15. Februar 2006: Unter der Geltung des Artikels 1 Absatz 1 GG sei es „schlechterdings unvorstellbar, auf der Grundlage einer gesetzlichen Ermächtigung unschuldige Menschen, die sich wie die Besatzung und die Passagiere eines entführten Luftfahrzeugs in einer für sie hoffnungslosen Lage befinden [...], vorsätzlich zu töten."

Durch die ungewöhnlich unduldsame Formulierung „schlechterdings unvorstellbar" drängt das Gericht seine Grundposition zum verfassungsrechtlichen Status des ersten Grundgesetzartikels geradezu auf: „Die Würde des Menschen", die der erste Satz des Grundgesetzes als „unantastbar" bezeichnet, wird im Unterschied zu allen anderen Gütern der Verfassung unbedingt und ausnahmslos für unabwägbar mit kollidierenden Verfassungsgütern erklärt. Das Wort „schlechterdings", das kein geringerer als Kant gleichbedeutend mit „schlechthin" als Synonym für „absolut" gebraucht, soll die Würde als ein „Absolutum in einer zutiefst relativistischen Welt" (Dreier 2004) erscheinen lassen. Dieser Absolutheitsanspruch hätte im Falle eines gezielten Renegade-Anschlags auf ein Kernkraftwerk oder eine Großveranstaltung katastrophale Konsequenzen: Die Katastrophe wäre nicht zu verhindern, weil die Würde der Katastrophenopfer nicht mit der Würde der Abschußopfer abgewogen werden dürfte, auch wenn am Boden weitaus mehr Tote zu beklagen wären als im Flugzeug. Ist es nicht „schlechterdings unvorstellbar", den Bodenopfern jene Würde zu verweigern, die den Flugzeugopfern zugestanden – um nicht zu sagen aufgedrängt – wird?

Nach der Entführung des Arbeitgeberpräsidenten Hanns-Martin Schleyer durch die Terrororganisation „Rote Armee Fraktion" (RAF) im Herbst 1977 hat das Bundesverfassungsgericht den Forderungen der Entführer auf Freilassung inhaftierter RAF-Terroristen widerstanden und die staatliche Duldung der angedrohten „Hinrichtung" eines Unschuldigen in einer für ihn hoffnungslosen Lage *nicht* für „schlechterdings unvorstellbar" erklärt. Der zentrale Satz der Entscheidung enthält vielmehr die kontradiktorische Gegenposition zum Luftsicherheitsurteil: „Das Grundgesetz begründet eine Schutzpflicht nicht nur gegenüber dem Einzelnen, sondern auch gegenüber der Gesamtheit aller Bürger". Eben weil das gesamte Gemeinwesen – die Republik oder der Freistaat des Grundgesetzes – des Schutzes vor terroristischer Bedrohung bedarf, kann es zur Terrorabwehr geboten sein, das Leben Unschuldiger zu opfern. Warum sollte eine gegenüber der RAF wehrhafte Republik gegenüber islamistischen Terrororganisationen wehrlos geworden sein?

Die apodiktische Antwort des Bundesverfassungsgerichts besteht aus einer Behauptung, der es nicht nur in formaler Hinsicht an jeder Begründung fehlt. Fehlanzeige ist vor allem hinsichtlich der materialen Wehrhaftigkeit der „Gesamtheit aller Bürger" zu vermelden. Im Lichte der *volonté générale* (Kapitel 7) handelt es sich dabei nicht um eine faktisch feststellbare, sondern um eine normativ vorzugebende Größe, deren verfassungsrecht-

liches Anliegen die Verteidigung der Freiheit gegen die
Feinde der Freiheit ist. In Deutschland ist die Institution
zur Vorgabe dieser Größe das Karlsruher Bundesverfassungsgericht als „Hüter der Verfassung" (so der Titel der
einschlägigen Monographie: Lembcke 2007). Leider ist es
kein lichter Moment im Geiste Rousseaus und im Sinne
des Schlüsselerlebnisses seiner „illumination" gewesen,
als Karlsruhe ohne Angabe von Gründen behauptete, im
Anwendungsbereich des Luftsicherheitsgesetzes gehe es
nicht um die Abwehr von Angriffen, die auf die „Ver-
nichtung der staatlichen Rechts- und Freiheitsordnung
gerichtet sind".

Einen gezielten Angriff auf die „Freiheitsordnung"
eines freistaatlichen oder republikanischen Gemeinwesens kann man im Falle eines drohenden Anschlags von
Renegade-Terroristen auf ein Kernkraftwerk oder eine
Großveranstaltung nur negieren, wenn man vom Freiheitswillen der Bürger als philosophischem Kern einer
freistaatlichen Ordnung nichts wissen will. Sonst könnte
man nicht vergessen, ihn als absoluten Verteidigungswil-
len gegen „absolute Freiheitsfeinde" (Isensee 2004) verfassungsrechtlich in Stellung zu bringen. Gegen solches
Vergessen ist an „9/11" zu erinnern: Der republikanische
Freiheitswille, der die Welt eines Freistaates im Innersten
zusammenhält, wurde durch die Terroranschläge gerade
deshalb getroffen, weil die schweren Luftangriffe zugleich tödliche Attacken auf jene Verfassung sein sollten,
die nach Rousseau „in die Herzen der Bürger geschrieben" ist (oben, Kapitel 7).

Der „Clash of Civilizations" (Huntington 1996, deutscher Titel eher verharmlosend „Kampf der Kulturen"),
den die Selbstmordattentäter des 11. September 2001

zum Glaubenskrieg erklärten, hat für Herzensrepublikaner im Geiste Rousseaus die Grundwerte des westlichen Verfassungsstaates zum Gegenstand und freiheitsfeindlichen fundamentalistischen Wahn zum Gegner. Angesichts eines Terroraktes, dessen Ziel die Herzen der „Ungläubigen" in der gesamten freiheitlichen Welt des Westens gewesen sind, sollte das endlos strömende Wasser, das sich in die beiden Brunnenbecken des Memorial „Ground Zero" ergießt, als Symbol eines nicht versiegenden Tränenstromes interpretiert werden. Herzensrepublikanisch verstanden, verströmt es das ewige Versprechen, weder die Opfer zu vergessen noch die Wehrhaftigkeit der säkularen Republik gegen religiös verblendete Glaubenskrieger.

Zur Verteidigung dieses Bekenntnisses sieht das Grundgesetz Vorschriften vor, die dem Schutze der verfassungsmäßigen Ordnung dienen, etwa das Verbot von Vereinigungen (Artikel 9 Absatz 2) und Parteien (Artikel 21 Absatz 2), die Verwirkung von Grundrechten (Artikel 18) und das Recht zum Widerstand (Artikel 20 Absatz 4) jeweils gegen aktiv kämpferische Bestrebungen zur Beseitigung der „freiheitlichen demokratischen Grundordnung" (die in Kapitel 3 erläutert wurde). Wegen des Freiheitsbezugs der betreffenden Vorschriften ist es zu unspezifisch, sie unter dem Oberbegriff „Staatsschutz" zusammenzufassen. Auch geht es nicht nur um den Schutz demokratischer Verfahren, sondern vorrangig um die Erhaltung der politischen oder republikanischen Freiheit Aller (im Sinne des 8. Kapitels). Treffender als „wehrhafte Demokratie" ist dafür der Begriff „wehrhafte Republik". Eben diese wehrhafte Republik begründet die staatliche „Schutzpflicht [...] gegenüber der Ge-

samtheit aller Bürger", die das Bundesverfassungsgericht
im Schleyer-Urteil aus gutem Grunde bejaht, im Luftsi-
cherheits-Urteil aber grundlos verneint hat.

Wenn das letztgenannte Urteil im Renegade-Fall einen
Angriff auf die „Freiheitsordnung" des Grundgesetzes
verneint, ist dies ein fatales Zeichen von Republikverges-
senheit. Damit aber leider nicht genug: Das Bundesverfassungsgericht dokumentiert auch eine spezifische Wür-
devergessenheit, indem es einer staatlichen Schutzpflicht
gegenüber den vom gezielten Absturz der Maschine Betroffenen eine ausdrückliche Absage erteilt. Das ist schon
vom Wortlaut des Artikels 1 Absatz 1 Satz 2 GG her nicht
nachvollziehbar. Dort wird nämlich die „Verpflichtung
aller staatlichen Gewalt" ausgesprochen, die in Satz 1
für „unantastbar" erklärte Menschenwürde „zu achten und zu schützen". Was das bedeutet, wird in Lehre
und Rechtsprechung einheitlich bestimmt: Die staatliche
Pflicht, die Würde zu „achten", bezieht sich auf Rechtsverhältnisse zwischen dem Staat und seinen Bürgern; die
Verpflichtung des Staates, die Würde zu „schützen", besteht gegenüber Würdeverletzungen durch nicht-staat-
liche Dritte.

Die verfassungsrechtlichen Verpflichtungen im entführten Flugzeug verhalten sich demnach im Hinblick
auf eine Abschußermächtigung für die Streitkräfte wie
folgt: Als staatliche Akteure haben sie die Würde der
Besatzung und der Passagiere zu „achten", dürfen diese
Achtungspflicht also nicht selbst verletzen (während
eine solche Pflichtverletzung gegenüber den Entführern
durch deren vorsätzlich rechtswidriges Handeln entfällt).
Die betreffende Pflicht zur Achtung der Würde unschuldiger Entführungsopfer ist unumstritten. Streitig wird

der Renegade-Fall zwischen Befürwortern und Kritikern des Luftsicherheitsurteils bei der Beurteilung der staatlichen Pflicht, die Würde der vom Absturz Betroffenen zu „schützen". Zunächst ist zu betonen, daß die Wortfolge „zu achten und zu schützen" keinen verfassungsrechtlichen Vorrang der Achtungs- vor der Schutzpflicht begründet. Verfassungsgeschichtlich und staatsphilosophisch ist sogar das Gegenteil der Fall, weil die Pflicht des Staates, seine Bürger vor Übergriffen anderer Bürger zu schützen, seit 1651 – Erscheinungsjahr des „Leviathan" des Thomas Hobbes – die staatliche Schutzpflicht schlechthin darstellt (Gröschner et al. 2000).

Die großartige Errungenschaft einer ausdrücklichen Achtungspflicht, die das Grundgesetz 1949 formuliert hat, darf diese klassische Schutzpflicht des Staates nicht so in den Hintergrund treten lassen wie dies im Luftsicherheitsurteil geschehen ist. Nachdem die Verletzung der Achtungspflicht durch einen Abschuß des entführten Flugzeugs ausführlich begründet wurde, heißt es nämlich nur lapidar: „Daran ändert es nichts, daß dieses Vorgehen dazu dienen soll, das Leben anderer Menschen zu schützen und zu erhalten". Für die wehrhafte Republik des Grundgesetzes ist dieser in einem einzigen Satz erklärte Verzicht auf die Erfüllung der staatlichen Schutzpflicht aus Artikel 1 Absatz 1 GG eine Verzichtserklärung mit theoretisch tödlichen Folgen im Falle einer Flugzeugentführung. Auf deren Ausbleiben kann man also praktisch nur noch hoffen. Klüger wäre es gewesen, das Gesetz am fehlerhaften Gesetzgebungsverfahren scheitern zu lassen und zur Menschenwürde entweder ganz zu schweigen oder wenigstens auf ihre Verabsolutierung zu verzichten.

Letzteres wäre auch im tragischen Entführungsfall Jakob von Metzler richtig und gerecht gewesen. Der Fall hat großes Aufsehen erregt, weil der später als Mörder verurteilte Entführer (in den Medien häufiger beim Namen genannt als sein Opfer) sich durch die ermittelnde Polizei in seiner Würde verletzt fühlte: Frankfurts Polizeivizepräsident Wolfgang Daschner, der die Ermittlungen leitete, hatte ihn durch Androhung körperlicher Gewalt dazu gebracht, das Versteck des entführten Kindes preiszugeben. Mit dessen Rettung hätte Daschner zum Helden einer „lebensrettenden Aussageerzwingung" (Herbst 2011) avancieren können. Dieser nach dem Muster des „lebensrettenden Todesschusses" gebildete Begriff benennt präzise, worum es geht: Die Würde des Opfers einer Geiselnahme oder einer Entführung ebenso ernsthaft zu „schützen" wie die Würde des Geiselnehmers oder des Entführers zu „achten". Wenn die unmittelbar aus Artikel 1 Absatz 1 Satz 2 GG folgende Schutzpflicht gegenüber einem Entführungsopfer nicht weniger wert sein soll als die aus demselben Satz folgende Achtungspflicht gegenüber dem Entführer, kann ein absolutes Abwägungsverbot nicht der Sinn des Würdesatzes sein.

Horst Dreier hat zu derartigen „Würdekollisionen" stets eine klare Position vertreten – so klar, daß die vorgesehene Wahl zum Präsidenten des Bundesverfassungsgerichts, über die „Der Spiegel" Anfang 2008 unter der Überschrift „Philosoph wird Präsident" berichtet hatte, von Anhängern der Gegenposition durch massive Medienattacken verhindert wurde. Die Unduldsamkeit des Dogmas einer „schlechterdings unvorstellbaren" Abwägung kollidierender Achtungs- und Schutzpflichten kulminierte in einer „Tyrannei der Würde" (Neumann

1998). In gezielten Angriffen richtete sie sich gegen eine wissenschaftlich höchst angesehene Persönlichkeit der deutschen Staatsrechtslehre, deren rechtlich und philosophisch wohlbegründete Meinung zur notwendigen Abwägung kollidierender Würdepositionen die Tyrannen der Würde nicht zu dulden bereit waren (dazu und zur Verbindung mit der Stammzelldebatte Lembcke 2009).

In der zweiten Auflage des von ihm herausgegebenen dreibändigen Grundgesetz-Kommentars hatte Dreier zur Kollisionslage in Entführungsfällen geschrieben: „Tatsächlich aber können sich staatliche Organe im Einzelfall mit zwei prinzipiell gleichwertigen, da gleichermaßen aus Art. 1 I GG folgenden Rechtspflichten konfrontiert sehen, nach Ausschöpfung aller anderen Mittel nur noch die Würde des Opfers oder die des Täters zu verletzen. In diesen Konstellationen dürfte der Rechtsgedanke der rechtfertigenden Pflichtenkollision nicht von vornherein auszuschließen sein.“(Dreier 2004). „Nicht von vornherein“ ist eine elegante Formulierung für die berechtigte Kritik an der apriorischen Absolutheit, in der die Prediger des Unabwägbarkeitsdogmas die Würde des Opfers tabuisieren. Wer dieses Tabu bricht, weil er sich dazu durch sein Ethos als Staatsrechtslehrer verpflichtet fühlt, fällt ohne Auseinandersetzung mit seinen starken staatsrechtlichen Argumenten als Tabubrecher in Ungnade (Isensee 2003).

Solch ungnädige Behandlung beendete Dreiers Karriere als Verfassungsrichter, bevor sie begann. Weil seine volle Arbeitskraft der Wissenschaft erhalten blieb, kann man darin auch einen Segen sehen. In der 2013 erschienenen 3. Auflage des ersten Kommentarbandes liefert Dreier ein Lehrstück, wie man wissenschaftlich seriös

mit politischem Denunziantentum und medialer Stigmatisierung umgeht, aufgrund derer die oben zitierte Passage zur „rechtfertigenden Pflichtenkollision" zum Vor-
wand genommen wurde, ihn wie einen Folterknecht der
Inquisition zu behandeln (was vor ihm schon Winfried
Brugger erfahren hatte, der sich 2003 in der F.A.Z. für die
„Rettungsfolter" im Fall Metzler ausgesprochen hatte).
In der zahlenmäßig unveränderten Randnummer der
Neuauflage heißt es zur „Entführung und Ermordung
des elfjährigen Jakob von Metzler durch einen besonders
skrupellosen Täter" (der in der Kommentierung genauso
namenlos bleibt wie im vorliegenden Text):

„Hier ergibt sich ein rechtlich letztlich nicht befriedi-
gend auflösbares Dilemma. Denn einerseits ist die Menschenwürde des von der Polizei gefaßten (und gestän-
digen) Entführers zu achten, der den nur ihm bekannten Aufenthaltsort seines (ihm selbst zufolge hilflos in
einem Erdloch vegetierenden und einem qualvollen Tod
entgegensehenden) Opfers nicht preisgeben will: damit
sind bestimmte Verhörmethoden und der Gebrauch von
Zwang zur Gewinnung einer Aussage aufgrund der Ach-
tungsdimension ausgeschlossen. Andererseits ist aber die
Menschenwürde des Opfers durch die staatliche Gewalt
zu schützen, so daß es aus seiner ebenso lebensbedroh-
lichen wie unwürdigen Lage, die es zum reinen Objekt
degradiert, befreit werden muß. Es steht also nicht ‚nur'
Leben gegen Würde, sondern Würde gegen Würde [...].
Für den Täter streitet der Schutz vor dem Staat, für das
Opfer der Schutz durch den Staat" (Dreier 2013).

Seriöser kann die „unentrinnbare Tragik" des betreffenden Dilemmas nicht analysiert werden. Sie ergibt sich
gerade daraus, daß die Absolutheit der Würde gefordert,

ihre absolute Geltung aber nicht gleichzeitig gegenüber dem Täter *und* seinem Opfer gewährleistet werden kann. Im übrigen geht der Vorwurf ins Leere, mit dem Rechtsinstitut einer „lebensrettenden Aussageerzwingung" wolle man die historisch längst überwundene, rechtlich eindeutig verbotene und politisch erfolgreich geächtete „Folter" zur Erzwingung eines Geständnisses im Strafverfahren reaktivieren. In Entführungsfällen wie dem geschilderten geht es nicht um die strafrechtliche Verfolgung und Verurteilung eines „Täters", sondern um die polizeirechtliche Abwehr einer Gefahr für Leib und Leben eines Opfers. Daschners Erklärung dazu war eindeutig (Herbst 2011): „Die Frage richtete sich nur darauf, wo ist das Kind? Nicht darauf, wer ist der Täter? Es ging uns um reine Gefahrenabwehr und nicht um die Strafverfolgung."

Anders als die Alltagssprache bezeichnet die Rechtssprache denjenigen, der polizeirechtlich geschützte Güter eines anderen bedroht, nicht als Täter, sondern als „Störer". Zum „Täter" wird er erst nach Abschluß eines – durch Rechtsmittel verlängerbaren – Verfahrens, in dem er als Angeklagter rechtskräftig verurteilt wurde. Eine gegenüber dem Störer durch die Polizei erzwungene Aussage unterliegt in diesem Verfahren einem unbedingten Verwertungsverbot. Wenn es keine weiteren Beweise für die Tat gibt als die erzwungene Preisgabe des Aufenthaltsortes des Opfers, ist der Entführer daher freizusprechen. Dann gibt es keinen „Täter". Das ist der Preis des Rechtsstaates, der nicht zu hoch ist, wenn die Hoffnung besteht, durch die erzwungene Aussage ein allein durch den Störer bedrohtes Menschenleben retten zu können.

Die Vergleichbarkeit der Fälle dürfte damit deutlich vor Augen stehen: Die staatliche Achtungspflicht der Streitkräfte gegenüber den Flugzeugopfern kollidiert mit der staatlichen Schutzpflicht gegenüber den Bodenopfern in dogmatisch derselben Weise wie die polizeilichen Achtungs- und Schutzpflichten in Entführungsfällen. Wer dem Dilemma dieser Kollisionslage dadurch zu entkommen versucht, daß er die Achtungspflicht absolut setzt und die Schutzpflicht negiert, kann kaum beanspruchen, den um ihren Schutz gebrachten Opfern gerecht geworden zu sein. („Kein Opfer des Opfers" lautete deshalb die Parole bei Gröschner 2005). Noch weniger kann bei Negation der Schutzpflicht der Anspruch erhoben werden, den klassisch Hobbesianischen Staatszweck der Sicherheit berücksichtigt zu haben. Und am allerwenigsten können die Anhänger einer absolut gesetzten Achtungspflicht behaupten, die freiheitliche Ordnung einer Republik verteidigen zu wollen. WIR alle sollten als bekennende Republikaner im Sinne des vorliegenden Buches eine solch fatale Feigheit vor dem Freiheitsfeind deutlich zur Sprache bringen.

Mit der geliebten Freiheit des Herzensrepublikaners Rousseau, die zu Beginn dieses letzten Kapitels in Erinnerung gerufen wurde, kann der verfassungsrechtliche Basisbegriff einer wehrhaften Republik abschließend bestimmt werden. Wie Hans Buchheim mit philologischer Akribie und philosophischer Präzision herausgearbeitet hat, ist die *volonté générale* in der kontraktualistisch konstituierten Cité der Citoyens (Kapitel 7) der Selbsterhaltungswille der Republik, und zwar in Analogie zur Selbstliebe (*amour de soi*) des Einzelnen. Als staatstragender, den Staat als Freistaat tragender allgemeiner Wille zur Freiheit stellt er nicht etwa einen durch Abstimmung artikulierbaren faktischen Mehrheitswillen dar; als normatives Konstitutionsprinzip der Republik verlangt er von freiheitsliebenden Republikanern vielmehr, „von Fall zu Fall zu ermitteln, was sie im Interesse der *volonté générale*, des Lebenswillens ihres Staates tun müssen" (Buchheim 2013).

Der Lebenswille der Republik ist nach Rousseau unveräußerlich, unteilbar und unfehlbar (Contrat Social II 1–3). Diese drei essentiellen Eigenschaften der *volonté générale* sind nur zu verstehen, wenn man die Analogie mit dem Selbsterhaltungswillen des Einzelnen ernst nimmt: Wer wollte ihn veräußern, mit anderen teilen oder als Fehler in Frage stellen lassen? In seiner Unveräußerlichkeit, Unteilbarkeit und Unfehlbarkeit erweist der Wille zur Selbsterhaltung sich als nicht relativierbar und damit als absolut. In dieser mit philosophischem Bedacht „absolut" genannten Art und Weise seiner schieren Existenz kann der Wille, sich selbst als Subjekt seiner Freiheit zu erhalten, ebensowenig irren wie der Wille, die Republik als Subjekt ihrer Freistaatlichkeit zu verteidigen. Das sollte sich auch und gerade das Bundesverfassungsgericht gesagt sein lassen.

Literatur zu Kapitel 12

Brugger, Winfried, Vom unbedingten Verbot der Folter zum bedingten Recht auf Folter?, in: Juristenzeitung 2000, S. 165–173.

Ders., Das andere Auge, F.A.Z. Nr. 58 vom 10. März 2003, S. 8.

Buchheim, Hans, Der neuzeitliche republikanische Staat, 2013.

Der SPIEGEL Nr. 3 vom 14. Januar 2008, S. 13: „Philosoph wird Präsident".

Dreier, Horst (Hrsg.), Grundgesetz-Kommentar, Bd. 1, 2. Aufl. 2004, 3. Aufl. 2013.

Entscheidungen des Bundesverfassungsgerichts, herausgegeben von den Mitgliedern des Gerichts, Band 46, S. 160 (Schleyer), Band 115, S. 118 (Luftsicherheitsgesetz).

Goerlich, Helmut (Hrsg.), Staatliche Folter. Heiligt der Zweck die Mittel?, 2007.

Gröschner, Rolf, Menschenwürde als Konstitutionsprinzip der Grundrechte, in: *Siegetsleitner, Anne/Knoepffler, Nikolaus* (Hrsg.), Menschenwürde im interkulturellen Dialog, 2005, S. 17–39.

Ders./Lembcke, Oliver (Hrsg.), Das Dogma der Unantastbarkeit. Eine Auseinandersetzung mit dem Absolutheitsanspruch der Würde, 2009.

Ders./Dierksmeier, Claus/Henkel, Michael/Wiehart, Alexander, Rechts-und Staatsphilosophie. Ein dogmenphilosophischer Dialog, 2000.

Herbst, Catarina Cristina, Die lebensrettende Aussageerzwingung, 2011.

Huntington, Samuel P., The Clash of Civilisations, 1996, deutsch: Kampf der Kulturen, ungekürzte Lizenzausgabe 2006/2007.

Isensee, Josef, Tabu im freiheitlichen Staat, 2003.

Ders. (Hrsg.), Der Terror, der Staat und das Recht, 2004.

Lembcke, Oliver W., Hüter der Verfassung. Eine institutionentheoretische Studie zur Autorität des Bundesverfassungsgerichts, 2007.

Ders., Wahl und Auswahl, in: *Liedhegener, Antonius/Oppelland, Torsten* (Hrsg.), Parteiendemokratie in der Bewährung, 2009, S. 105–116.

Merkel, Reinhard, Folter und Notwehr, in: Festschrift für Günther Jakobs zum 70. Geburtstag, 2007, S. 375–403.

Neumann, *Ulfrid*, Die Tyrannei der Würde, in: Archiv für Rechts- und Sozialphilosophie 84 (1998), S. 153–166.

Rousseau, *Jean-Jacques*, Du Contrat Social. Vom Gesellschafts-vertrag, Französisch/Deutsch, herausgegeben von *Hans Brockard*, 2010.

Register